浙江省高职院校"十四五"重点立项建设教材

船舶文化

主　编　常青丽　张海伟　张棘
副主编　姚丹丽　蒋更红　陈兴伟　胡强生
主　审　方　诚

電子工業出版社
Publishing House of Electronics Industry
北京·BEIJING

内 容 简 介

本书致力于推进船舶文化知识的通识化、科普化，引导读者系统地了解船舶基础知识，树立船舶文化自信、塑造航海工匠精神。全书共有六章，主要内容包括船舶认知、古船文化、中国造船文化的发展、船舶结构与设备的发展、船舶动力的发展、船舶建造材料的发展。本书在"船舶文化"课程建设成果的基础上编写而成。"船舶文化"课程是浙江省高等学校精品在线开放课程、国家精品在线开放课程、浙江省第一批课程思政示范课程、首批上线国家智慧教育公共服务平台的课程。

本书适用于高等职业院校的航海技术、轮机工程技术、港口与航运管理等专业，也可作为船舶从业人员的培训教材或继续教育用书。

未经许可，不得以任何方式复制或抄袭本书之部分或全部内容。
版权所有，侵权必究。

图书在版编目（CIP）数据

船舶文化 / 常青丽，张海伟，张棘主编. —北京：电子工业出版社，2023.11
ISBN 978-7-121-46897-1

Ⅰ. ①船⋯ Ⅱ. ①常⋯ ②张⋯ ③张⋯ Ⅲ. ①船舶–文化研究–中国–高等学校 Ⅳ. ① U66-092

中国国家版本馆 CIP 数据核字（2023）第 246285 号

责任编辑：魏建波
印　　刷：河北虎彩印刷有限公司
装　　订：河北虎彩印刷有限公司
出版发行：电子工业出版社
　　　　　北京市海淀区万寿路 173 信箱　邮编 100036
开　　本：787×1092　1/16　印张：8.25　字数：139.49 千字
版　　次：2023 年 11 月第 1 版
印　　次：2025 年 7 月第 3 次印刷
定　　价：42.00 元

凡所购买电子工业出版社图书有缺损问题，请向购买书店调换。若书店售缺，请与本社发行部联系，联系及邮购电话：（010）88254888，88258888。
质量投诉请发邮件至 zlts@phei.com.cn，盗版侵权举报请发邮件至 dbqq@phei.com.cn。
本书咨询联系方式：（010）88254178 或 liujie@phei.com.cn。

前　言

船舶是人类历史上最重要的发明之一，它们开拓了全球交通和贸易，促进了各国之间的联系和交流。二十一世纪以来，我国船舶工业取得了显著成绩，同时面临着许多挑战。《中华人民共和国国民经济和社会发展第十四个五年规划和 2035 年远景目标纲要》多处涉及船舶及海工产业。中国船舶工业进一步推进智能制造和数字化转型，加快提升绿色发展和自主创新能力，为实现船舶工业从大而全向大而优、高质量发展迈出坚实步伐。

国家战略的实施对从事船舶及配套生产、管理、服务工作的高素质技术技能人才提出了迫切需求，船舶类高职院校承担着培养优秀涉海人才的历史重任。

本书致力于推进船舶文化知识的通识化、科普化，引导读者系统地了解船舶基础知识，树立船舶文化自信、塑造航海工匠精神。全书共有六章，主要内容包括船舶认知、古船文化、中国造船文化的发展、船舶结构与设备的发展、船舶动力的发展、船舶建造材料的发展。本书在"船舶文化"课程建设成果的基础上编写而成。"船舶文化"课程是浙江省高等学校精品在线开放课程、国家精品在线开放课程、浙江省第一批课程思政示范课程、首批上线国家智慧教育公共服务平台的课程。

本书的主要特色如下。

1. 以标为准，确定教材内容

本书参照船舶工程技术专业的国家行业标准、国家专业教学标准，以及相关岗位对技术人才的要求，确定了"专思融合"的船舶文化教材内容。

2. 逻辑严谨，遵循船舶认知规律

全书分为船舶认知、古船文化、中国造船文化的发展、船舶结构与设备的发展、船舶动力的发展、船舶建造材料的发展 6 章，从浅到深、循序渐进。

3. 三化融通、资源配套丰富

作为国家精品在线开放课程的配套教材，读者可以访问资源共享课"船舶文化"，在线获取教学视频、教学课件、动画、习题等教学资源。同时，本书编者通过智能备课系统整合教学课件、教学文档、习题、实训资料、多媒体素材等资源，以序列号的形式发送给教师使用。

4. 科普性强，内容通俗易懂

本书涉及船舶文化的多个方面，每一章节的内容都遵循历史脉络，内容通俗易懂，使读者能够沿着教材的主线融入船舶文化知识的王国，感受船舶文化所包含的历史、传承和价值。

本书适用于高等职业院校的航海技术、轮机工程技术、港口与航运管理等专业，也可作为船舶从业人员的培训教材或继续教育用书。本书的参考教学学时数为32～48学时。

本书由浙江交通职业技术学院"船舶文化"课程建设团队的主要成员编写而成，编写人员不仅有多年的船舶类专业课程教学经验，还具备验船师从业资格，具有一定的船舶企业工作经历。本书编者把多年教学实践过程中积累的知识、技能，以及从企业收集到的资料，经过整理、分析和反复论证后融入教材。

本书编写分工如下：常青丽负责编写第一章、第二章、第三章、第五章，张海伟负责编写第四章、第六章。本书的配套教学视频及其他资料由张棘教授完成。张棘教授是国家精品在线开放课程、职业教育国家在线精品课程"船舶文化"主持人，也是国家级高等职业教育航海技术专业教学资源库的主要建设者之一，获得过多个省级以上的教学比赛奖项，曾被中国教育电视台、《中国交通报》等多家媒体采访和报道。本书由浙江交通职业技术学院方诚教授担任主审，姚丹丽、蒋更红、陈兴伟、胡强生等教师也参与了本书的编写工作。

本书在编写过程中参考了相关书籍、网站的文献资料，在此表示衷心的感谢！限于编者的经验和水平，书中难免存在疏漏与不足之处，恳请业内专家、学者和广大读者批评指正。

编　者

二〇二三年五月

目　录

第一章　船舶认知　/ 1
第一节　船舶概述　/ 3
第二节　船舶分类　/ 8

第二章　古船文化　/ 29
第一节　浮具与筏　/ 31
第二节　独木舟　/ 35

第三章　中国造船文化的发展　/ 45
第一节　中国古代的造船文化　/ 47
第二节　中国近代的造船文化　/ 53
第三节　中国现代的造船文化　/ 56

第四章　船舶结构与设备的发展　/ 61
第一节　龙骨结构　/ 63
第二节　水密隔舱　/ 66
第三节　舵　/ 68
第四节　减摇龙骨　/ 71
第五节　船坞　/ 74
第六节　锚　/ 76

第五章　船舶动力的发展　/ 83

第一节　桨、篙、橹　/ 85
第二节　帆　/ 91
第三节　螺旋桨　/ 95
第四节　核动力　/ 100

第六章　船舶建造材料的发展　/ 105

第一节　木质船建造材料的发展　/ 108
第二节　钢船建造材料的发展　/ 113
第三节　玻璃钢船建造材料的发展　/ 117
第四节　铝合金船建造材料的发展　/ 121

第一章

船舶认知

第一章　船舶认知

第一节　船舶概述

一、水路运输

水路运输是指利用船舶、排筏和其他浮运工具，在江、河、湖泊、人工水道、海洋中运送旅客和货物，是国家综合运输体系的重要组成部分。水路运输可以利用有利的天然条件，实现大吨位、长距离的作业，如图 1-1 所示。因此，水路运输是开展国际贸易的主要方式，也是发展经济和促进友好往来的重要交通方式。

图 1-1　水路运输

水路运输包括内河运输和海洋运输，因历史悠久而有交通运输"祖先"之称，曾在交通运输业中占主要地位。水路运输的运量大、成本低，非常适合大宗货物的运输。

水路运输突破了七大洲之间自然形成的隔离带，把四分五裂的陆地"连"为一体，实现了资源共享，促进了世界各国人民的交往，推动了人类文明的发展。放眼未来，水路运输的发展趋势体现在船舶、港口、海上导航等方面，新型船舶不断涌现，港口自动化程度不断提高，水路运输这一古老的运输方式焕发出了新的活力。

作为主要运输方式中的一种，水路运输有着鲜明的技术特点，主要是运输量大、投资少、污染小、成本低；但水路运输也有不足之处，最主要的是其运输速度与其他运输方式相比慢得多。

水路运输使用的工具是船舶。船舶既是可以漂浮在水上的建筑，也可以是一个经济实体，具有吨位大、载货量多、运输成本低、续航时间长等优点。

随着水路运输的逐步发展，船舶在人类的生产和生活中起着越来越重要的作用。最早的船舶是用一根木头制成的独木舟。木工锯出现后，人们开始制造木板船，早期

船/舶/文/化

的木板船只由几块木板制成,如图1-2所示。后来通过加装横梁增加船体的结构强度,逐步出现了由多块木板组成的较大的木板船。再到后来,船体越来越大,结构也越来越复杂,出现了人们漂洋过海时广泛使用的大型木板船。

图1-2　木板船

随着科技不断进步,造船材料不断更新,相继出现了钢船、水泥船、玻璃钢船、高分子材料船等。

二、船舶的起源

通过对船舶发展史的研究可以看出,以船舶为载体的大规模航海活动不仅丰富了许多学科的知识,对人类文明的发展也起着不可估量的作用。在人类历史的长河中,船舶可以说是人类社会前进的载体。几乎在人类诞生的同时,我们的祖先便发明了独木舟,如图1-3所示。

图1-3　独木舟

历史上的早期文明无一不和水连在一起,而水又是和船舶联系在一起的。水是农业领域中不可缺少的资源,也是人类文明发展进步的摇篮。而在这个摇篮中,船舶的贡献是不可估量的。

船舶最初出现在哪个水域已无从考证,但基本可以肯定船舶最早是在地中海、尼罗河及两河流域发展起来的。有一种说法是:大约在一万五千年前,在地中海盆地被灌入海水变成地中海之前,地中海东部沿岸的湖上就已经有了船舶。按这个时间推算,我国古代造船技术起步于原始社会的新石器时代。在新石器时代,工具已经有了较大的进步。只有工具发展到了一定程度,才有可能制造船舶。

三、船舶的发展

从史前"刳木为舟,剡木为楫"开始,船舶经历了独木舟和木板船时代。1879年世界上第一艘钢船问世后,又进入了以钢船为主的时代。船舶的推进方式也由依靠人力、畜力、风力发展到机器驱动。

1807年,美国人富尔顿建成了第一艘用明轮推进的蒸汽机船"克莱蒙特"号,其时速约为8千米/小时。1839年,第一艘装有螺旋桨的蒸汽机船"阿基米德"号问世,这种螺旋桨推进器充分显示出了它的优越性,因而被迅速推广。

我国在春秋战国时期就有了造船工场,能够制造战船;在汉朝时期,当时的工匠已能制造出带舵的楼船;在唐、宋时期,河船和海船都有突出的发展,发明了水密隔舱;郑和下西洋的宝船在尺度、性能、远航范围方面都居世界领先地位。

从造船开始,人类早期文明发展的步伐加快了,主要体现在以下几方面。

(1)船舶使不同种族的文化交流经常化。如果各个文明之间不能交流和相互学习,文明就不能向前发展。

(2)船舶使商品交换初步形成规模。继渔业之后,船舶出游大多是为了掠夺,掠夺不成时便以物换物,这就使世界贸易得以出现。世界上最早的商人就是船主,他们携带货物从一个地区转移到另一个地区进行贸易,而贸易又刺激并推动了早期文明的进步。

(3)造船业使原始工匠的手艺得以发展并广泛传播,这必然会影响人类生活的各个方面。

(4)航海使人的思想自由、奔放,改变了人们的观念。

知识拓展

图1-4 港口

1. 港口

港口是水路运输的枢纽，位于海、江、河、湖、水库沿岸，具有水陆联运设备，以供船舶安全进出和停泊，如图1-4所示。港口是水陆交通的集结点，是工农业产品和外贸进出口物资的集散地，也是船舶停泊、装卸货物、上下旅客、补充给养的场所。

最原始的港口是天然港口，有天然的海湾、水湾、河口等场所可供船舶停泊。中国港口行业正处于产业扩张期，港口泊位大型化、专业化程度进一步提升，面临着持续繁荣的契机。随着全球一体化的发展，国际航运业务量不断增加，世界各国的港口也在飞速发展，港口装卸效率不断提高，这又反过来促进了国际航运的发展。

中国沿海的各大港口都在进行资源整合，部分沿海和内河港口也在寻求合作，共谋发展。相邻或相近的港口实现一体化运营，沿海和内河港口进行"联姻"，将成为未来中国港口行业的主要趋势。港口资源整合的规模和范围会越来越大，港口的资源整合、企业重组将推动行业长期、稳定地发展。

经过资源整合，港口的优势将更加凸显，竞争力将加强。国内优秀的港口企业越来越重视对行业和市场的研究，特别是对企业发展环境和需求趋势变化的深入研究。因此，国内一大批优秀的港口企业迅速崛起，逐渐成为行业翘楚。

2. 海洋开发

海洋是人类可持续发展的重要基地，是人类未来的希望。开发、利用海洋是解决当前人类社会面临的人口膨胀、资源短缺、环境恶化等一系列难题的可靠途径。海洋开发的前景诱人，许多沿海国家视海洋为开拓地，制定了面向海洋、开发海洋、向海洋进军的国策。人们已经认识到，二十一世纪是人类大规模开发、利用、

第一章　船舶认知

建设、保护海洋的新世纪，海洋是二十一世纪确立国家地位和经济实力的决定性因素之一，发展海洋事业已成为各国的战略抉择。

我国的新兴海洋产业（如海水利用、海洋生物制药、海洋信息服务等）规模不断扩大，增长速度迅猛。海洋产业逐步成为国民经济的支柱，海洋经济的增长方式正在由粗放型向集约型过渡，海洋资源的利用率大幅度提高。在海洋经济增长的同时，海洋生态环境逐步得到恢复，海洋综合管理继续推进；管理法制化也进一步发展，已有的海洋法律、法规不断完善，同时出台了一些新的管理海洋事务的法律、法规，基本实现了海洋资源的有序、有度、有偿使用。

随着"科技兴海"战略的实施，海洋科技成果产业化的速度不断加快，海洋生态环境应用基础性研究领域将有突破性进展，海洋生物技术领域内的一批关键技术将取得突破，海底探察、油气勘探开发技术将大幅度提高；深海矿产资源（如可燃冰、多金属结核、热液硫化物）、深海生物基因等的开发技术将逐渐提高，逐渐过渡到商业化开采阶段；海洋产业用海面积将逐渐增加，布局将更加合理。

思政园地

嘉兴南湖历来是江南著名的游览胜地，以前湖中常见画舫、唱曲船、丝网船、挡板船、小洋船等，以供游客游湖。为了纪念中国共产党第一次全国代表大会在南湖游船上胜利闭幕这一历史事件，在中央和浙江省委的指示下，南湖革命纪念馆于1959年仿制了一艘当年中共一大开会的游船（当年的游船已经在抗战时期绝迹了）。作为中共一大纪念船，这艘船停泊在烟雨楼前的湖面上。1964年4月5日，中共一大代表董必武重游南湖，仔细察看纪念船后，题诗"革命声传画舫中，诞生共党庆工农。重来正值清明节，烟雨迷蒙访旧踪。"彭真曾在1991年3月18日登临纪念船时说："这船不大，但前途远大，有了这艘船，才诞生了社会主义中华人民共和国。"这艘纪念船被称为"南湖红船"，红船所代表和昭示的是时代高度，是发展方向，是奋进明灯，是铸在中华儿女心中永不褪色的精神丰碑。

同学们，请想一想"南湖红船"传承给我们哪些精神？

第二节 船舶分类

船舶是水路运输和工程作业的主要工具,其种类繁多、数目庞大。

一、船舶的分类方式

按照用途分类,船舶可分为军用船舶和民用船舶。军用船舶由世界各国军方掌控和管理,为军方服务,是用于军事目的的各种战舰及相关的船舶。民用船舶是除军用船舶以外的其他船舶。

按照船体材料分类,船舶可分为木船、钢船、水泥船、高分子材料船、玻璃钢船等。

按照航行的区域分类,船舶可分为远洋船、近洋船、沿海船、内河船等。

按照动力装置分类,船舶可分为蒸汽机船、内燃机船、核动力船等。

按照推进方式分类,船舶可分为明轮船、螺旋桨船、平旋推进器船、风帆助航船等。

按照航进方式分类,船舶可分为自航船和非自航船。

按照航进状态分类,船舶可分为排水型船和非排水型船。

二、民用船舶的类型

(一)客货船

除了载运旅客,客货船还装载部分货物(水线以下的船舱尽可能用来装货)。客货船的航行要求与客船相同,客船是专门运送旅客及其行李的船舶。由于客船多为定期定线航行,所以又称为班轮。在航空运输广为发展之前,国际邮政业务主要靠远洋客船承担,故又称其为邮轮或邮船,如图1-5所示。

图 1-5　邮轮

（二）货船

货船上除了有供船员住宿、活动以及装有各种设备的舱室，大部分舱室是货舱。因此，可以按照用途将货船分为干货船、液货船、载驳船、集装箱船、滚装船等。

1. 干货船

干货船可分为杂货船、散货船、木材船、冷藏船等。

（1）杂货船以装运成包、成捆、成桶的货物为主，也可装运某些散装货物，如图 1-6 所示。

图 1-6　杂货船

（2）散货船专门装运散装货物，主要装运谷物、矿砂、煤炭、水泥、化肥等，如图 1-7 所示。

图 1-7　散货船

（3）木材船专门装运原木和材木。为了方便装卸和堆放，木材船的货舱长而大，舱内无支柱，如图 1-8 所示。

图 1-8　木材船

（4）冷藏船专运肉类、水果、蔬菜等鲜活易腐物品。冷藏船设有冷藏系统，能调节多种温度，以满足货物对温度的要求，制冷温度一般为 -25～15℃。冷藏船的吨位较小，通常为数百吨到数千吨，如图 1-9 所示。

图 1-9　冷藏船

2. 液货船

液货船可分为油船、液体化学品船、液化天然气船、液化石油气船等。

（1）油船是装运散装石油类货物的液货船。为了防火、防爆，油船的甲板上不允许使用电力拖动设备（通常使用蒸汽机），而且货舱、机舱、泵舱之间设有隔离舱。油船的干舷很小，船型丰满，船速不高（为13～17节）。

油船的特点是机舱设置在尾部，有专门用于装卸的油泵和油管，还有扫舱系统和加热系统。油船的油舱大多采用纵式结构，并设有纵向舱壁，在未装满货物时也能保持船舶的平稳性，如图1-10所示。

图1-10　油船

（2）液体化学品船是装运液体化学品的液货船。多数液体化学品有毒、易燃、腐蚀性强，而且品种非常多。

这类船舶多采用双层底结构，货舱多且小，如图1-11所示。

图1-11　液体化学品船

（3）液化天然气船是装运液化天然气的液货船。液化天然气的主要成分是甲烷，在常压下极低温冷冻才能使天然气液化，而且液化后的体积只有气态的1/600，因而便于运输。

液化天然气船的液舱内有严格的隔热结构，有球形和长方体形，如图1-12所示。

图1-12　液化天然气船

（4）液化石油气船是装运液化石油气的液货船，分为全加压式液化石油气船、全冷冻式液化石油气船、半加压半冷冻式液化石油气船，如图1-13所示。

图1-13　液化石油气船

3. 载驳船

载驳船是专运货驳的船舶，又称为"子母船"。载驳船的运输方式是：先将货物装在同规格的小驳船中，再将小驳船装入母船中一起运输，到港后将小驳船卸下。

载驳船的优点是不受港口水深的限制，不需要占用码头泊位，可以在锚地装卸货物，装卸效率高、停泊时间短，便于海河联运，如图1-14所示。载驳船可分为"拉希"型载驳船、"西比"型载驳船、"巴卡特"型载驳船、"巴可"型载驳船等。

4. 集装箱船

集装箱船是以装运集装箱为主的运输船舶。集装箱船的运货能力可以用吨位表示，也可以用所装载的20英尺集装箱或40英尺集装箱的箱数表示。

第一章 船舶认知

图1-14 载驳船

集装箱船的运输方式是：事先将货物装入集装箱内，再把集装箱装上船。这种运输方式的优点是装卸效率高，能减少货损和货差。

集装箱船有多种划分标准。按照装运集装箱的情况，集装箱船可分为部分集装箱船、全集装箱船、可变换集装箱船。部分集装箱船将船体的中央部位作为集装箱的专用舱位，其他舱位仍装普通杂货。全集装箱船是专门用来装运集装箱的船舶，它与一般的杂货船不同，其货舱内有装有垂直导轨的格栅式货架，便于将集装箱沿导轨放下。

全集装箱船的舱内可堆放三至九层集装箱，甲板上也可堆放三至四层集装箱，如图1-15所示。

图1-15 全集装箱船

可变换集装箱船的货舱内有可拆装式装载结构，因此它既可以装运集装箱，必要时也可以装运普通杂货。可变换集装箱船的航速较快，没有起吊设备，需要依靠码头上的起吊设备进行装卸，因此这种集装箱船也称为"吊上吊下船"。

5. 滚装船

滚装船是指通过跳板用滚装的方式装卸载货车辆的船舶。滚装船的概念起源于军用坦克和车辆登陆艇。世界上第一艘滚装船是美国于1958年建造的"慧星"号。"慧星"号的两舷及船尾均有开口，共有5个跳板，供车辆上、下船。此后，滚装船迅速发展

13

起来，盛行于北欧各国。

  滚装船的甲板平整，上甲板下方有多层甲板，各层甲板之间用斜坡道或升降平台连通，便于车辆通行；上层建筑位于船头或船尾，机舱设在船尾甲板下方；烟囱位于两舷，开口一般设在尾部；有较大的铰接式跳板，跳板一般以 35°～45° 的倾角斜搭到岸上。滚装船的装卸效率很高，世界上的轿车运输业务广泛应用滚装船。

  滚装船与集装箱船一样，装卸效率高，它是通过车辆活动来装卸集装箱的，每小时可装卸 1000～2000 吨货物，能节省大量装卸劳动力，减少船舶停靠时间，提高船舶利用率。滚装船的船舶周转效率高，水陆联运方便，能实现从发货单位到收货单位的"门-门"直接运输，减少了运输过程中的货损和货差。

  滚装船运输时不需要起重设备，即使港口的设备条件很差，也能高效率地进行装卸。滚装船比集装箱船更胜一筹的地方在于，不需要起重设备，也不需要大规模改造、扩建码头，以及增添装卸设备。

  滚装船的缺点是重心高、平衡能力较差。滚装船的船体结构特点是甲板层数多，一般有 2～6 层。为了使车辆在舱内通行无阻，货舱内不设横舱壁，舱内支柱也很少，因此滚装船的结构强度和抗沉性较差，如图 1-16 所示。

图 1-16　滚装船

（三）渔船

1. 拖网渔船

  拖网渔船是用拖网来捕捞鱼类的船舶，利用甲板上的绞车收网，将捕捞到的鱼储藏在船上的冷库中，如图 1-17 所示。

第一章 船舶认知

图 1-17 拖网渔船

2. 围网渔船

围网渔船是用围网进行捕捞作业的渔船,如图 1-18 所示。

图 1-18 围网渔船

3. 捕鲸船

捕鲸船是专门猎捕鲸类的渔船,如图 1-19 所示。为了保护濒临灭绝的鲸资源,世界各国已很少建造捕鲸船。

图 1-19 捕鲸船

4. 渔业加工船

渔业加工船是专门在海上接收渔获物并进行加工,在船上进行储藏或转运的渔业

15

船舶，如图1-20所示。

图1-20　渔业加工船

（四）工程船

1. 挖泥船

挖泥船是借助挖泥设备挖取、提升、输送水下表层的泥土、沙、石块、珊瑚礁等沉积物的船舶，如图1-21所示。

图1-21　挖泥船

2. 起重船

起重船又称为浮吊，是甲板上装有起重设备，专供水上作业起吊重物的船舶，如图1-22所示。

3. 救助打捞船

救助打捞船是对遇难船舶进行施救以及打捞沉船的船舶，如图1-23所示。

第一章　船舶认知

图 1-22　起重船

图 1-23　救助打捞船

4. 浮船坞

浮船坞能在一定水域中沉浮和移动，用于抬起船舶进行修理或运送深水船舶通过浅水航道，以及用于船舶下水、上墩、水上合拢作业，如图 1-24 所示。

图 1-24　浮船坞

（五）工作船

1. 拖船

拖船上有拖带设备，是用来在水上拖带船舶或其他浮体的船舶，如图 1-25 所示。

17

图 1-25　拖船

2. 引航船

引航船用于接送港口引航员上、下船舶，并引导船舶安全地进、出港口，如图 1-26 所示。

图 1-26　引航船

3. 破冰船

破冰船能借助船体重力、动能以及其他方法破碎冰层，为其他船舶通过冰区开辟航道，如图 1-27 所示。

图 1-27　破冰船

4. 供应船

供应船分为专门向到港船舶供应燃油的供油船和供应淡水的供应船,如图 1-28 所示。

图 1-28　供应船

5. 科学考察船

科学考察船是专门从事海洋科学考察的船舶,如图 1-29 所示。

图 1-29　科学考察船

6. 消防船

消防船是对港内船舶或岸边临水建筑物进行消防灭火的船舶,如图 1-30 所示。

图 1-30　消防船

（六）海洋开发船

1. 钻井船

（1）坐底式钻井平台。坐底式钻井平台在钻井时坐落于海底，移位时浮在海面上，可被拖航至另一地点进行作业，如图 1-31 所示。

图 1-31　坐底式钻井平台

（2）自升式钻井平台。自升式钻井平台可以进行升降，作业时桩腿下伸到海底，上部结构距海面有一定高度，移航时桩腿升起，上部结构浮于水面，可被拖航至另一作业地点，如图 1-32 所示。

图 1-32　自升式钻井平台

（3）半潜式钻井平台。半潜式钻井平台具有潜没在水下的浮体（下体或沉箱），由立柱连接浮体和上部甲板，作业时钻井平台处于漂浮状态，如图 1-33 所示。

2. 采油船

采油船是进行油气采集、分离、初步处理的船舶，如图 1-34 所示。

第一章　船舶认知

图1-33　半潜式钻井平台

图1-34　采油船

3. 守护船

守护船上有救助及医疗设备，能为钻井平台执行看守、值班，以及协助抛锚、起锚等作业，如图1-35所示。

图1-35　守护船

（七）其他类型的船舶

1. 滑行船

滑行船是指在水面上高速运动时处于滑行状态的小艇。滑行船在高速航行时，仅有部分船底接触水面，主要靠水动力作用产生的升力支撑其重量，如图 1-36 所示。

图 1-36　滑行船

2. 水翼船

水翼船是一种高速船舶，高速航行时船体下部所装的水翼产生水动升力将船体托出水面，如图 1-37 所示。

图 1-37　水翼船

3. 气垫船

气垫船是一种利用表面效应，依靠高于大气压的空气在船体与支撑面（水面或地面）间形成气垫，使船体全部或部分脱离支撑面航行的高速船舶，如图 1-38 所示。

第一章　船舶认知

图1-38　气垫船

知识拓展

1. 滚装船

在日常生活中，我们会经常见到独木舟、游艇等类型的船舶。滚装船的名气显然不及它们，但滚装船在船舶运输业中是特别著名的！

滚装船也叫"开上开下船"或"滚上滚下船"，它的名字是不是很有趣？滚装船到底是什么样的呢？滚装船其实是运输货物的专用船舶，但它是专门利用运货车辆来装运货物的。

滚装船的船体结构十分特别，船身非常高大，头部是居住舱室，尾部是机舱。滚装船能运载车辆的秘密在它的中部。它的中部是一个大货舱，里面没有横舱壁，支柱也比较少，内部空间较开阔，就像一个大停车场，运货车辆可以在船舱内行驶。大货舱内还有斜坡或升降机，用来帮助车辆停放，这样运货车辆可以摆放整齐以节省空间。滚装船的尾部有一个大门或跳板，打开大门或放下跳板时，运货车辆可以直接开进船舱。到达目的地港口后，运货车辆可以直接开下船。是不是很方便呢？

这种独特的运输方式叫作"滚装运输"。滚装船十分便利，既不需要装卸货物，又减少了货损，特别省时省力；美中不足的是滚装船内部的支柱比较少，抗沉性较差。

2. 水上巴士

人们选择陆路出行时，可以搭乘公交车，而水路出行似乎就没有乘坐公交车那

23

么便利了。其实，水上也有"公交车"，这就是水上巴士，它是人们日常水上出行的好帮手。水上巴士又叫水上公交巴士，正如其名，它和公交车一样方便、实惠。

在河流较多的地区，陆路交通的条件较差，水上出行比较符合人们的实际情况，水上巴士就这样应运而生了。水上巴士和公交车一样，都有航行线路，人们可以在码头"候车"。在2012年伦敦奥运会期间，水上巴士在缓解交通堵塞方面发挥了重大作用。当时，泰晤士河上有一支由12艘普通客轮和18艘豪华客轮组成的"水上车队"，每天往返120余趟。人们可以乘坐水上巴士前往奥运会比赛场馆，不仅避免了陆路交通拥堵，还能欣赏泰晤士河的美丽风光。2013年9月，广州开通了14条水上巴士航线，投入了大批水上巴士以方便居民出行，其票价非常低廉，10千米以内的里程只要2元。

除此之外，水上巴士也是旅游业发展的好帮手，游客可以乘坐水上巴士观光，不仅能为景点增加吸引力，也是增加当地居民收入的好方式！

水上有形形色色、类别多样的船舶，有些船舶体型巨大，有些船舶小巧灵便；有些可以载人远行，有些可以运载万吨货物；有些可以用来勘探资源，有些可以用来锻炼、玩耍。那么，水上自行车是用来做什么的呢？它和自行车一样吗？

水上自行车与普通的陆路自行车类似，车座高度是可以调节的。与陆路自行车不同的是，水上自行车是在水面上骑行的。为了让自行车安全地漂浮在水面上，它的底部安装有浮筒，还有推进器和舵。就像在陆地上骑自行车一样，水上自行车的操作十分方便，使用者踩着脚蹬前后蹬即可。人们感到累的时候直接停住脚即可，它可以在水面上"漂浮"。借助水上自行车，人们可以在水上如履平地，自由驰骋。水上自行车是锻炼、玩耍的好工具，有的可以一个人骑，有的和双人自行车一样，可以两个人一起骑。

水上自行车运动受到了很多人的追捧。这项运动起源于加拿大，在全世界非常流行。目前中国也出现了水上自行车竞速赛。想象一下，在水上骑自行车是不是非常刺激和好玩呢？

3. 双体船

新闻中有时会出现关于连体婴儿的报道，其实船舶中也有"连体船"。平时我们见到的船舶只有一个船体，可是有些船舶却有两个船体。这种类型的船舶叫作什么？设计师为什么要把一艘船舶设计成两个船身呢？这样做有什么好处呢？

将两个船体平行地固定在一起的船舶叫作双体船，它并不是两艘船，而是将两个船体用连接架连成一个整体。人们偶然发现，把两艘船并排系在一起能抵御更大的风浪，更不容易翻沉，于是人们根据这一情况发明了双体船。最初，双体船是货船的一种，因为它比同样吨位的单体船更宽，甲板和舱室面积更大，装载的货物更多。

现在盛行的高性能双体船速度快、面积大、装饰豪华，是轮渡的好工具。可千万不要小瞧双体船，它在军用船舶市场中也占据了一定份额。除了双体船，人们有时也会把三个船体连在一起建造成"三体船"。

4. 破冰船

冬季天寒地冻、积雪封霜，如果此时水面上结了厚厚的冰层，那么船舶该怎样航行呢？这就到了破冰船大显身手的时候了！千万不要小瞧它！虽然它只是一艘船，但破冰能力特别强！

破冰船的船身短而宽，船头底部上翘，总体强度高，钢板也特别厚。破冰船工作时，先把船头放到冰面上，然后开足马力向前开进，冰块自然就碎裂了。遇到特别厚的冰块甚至是冰山时怎么办呢？这时破冰船就要后退，然后开足马力对冰块进行猛烈的撞击，直至把大冰块撞碎。

不用担心它的船身会被撞碎，它可是十分结实的！破冰船船头和船尾的水舱中藏有秘密——这些水舱可以储存大量水。水把船尾的水舱注满时，船头会翘起进而放在冰面上，再把船尾的水注进船头的水舱中，船头重量增大，就可以把冰面压碎！此外，有些破冰船的螺旋桨也可以破冰。螺旋桨高速转动时，叶片就像一把把锋利的刀子，可以轻易切开冰块。破冰船不断向前进，便开出一条航道，其他船舶就可以通行了。这种情景是不是特别威武？

破冰船不断发挥着自己的光和热，中国最大的极地考察船"雪龙"号就是一艘破冰船。

5. 潜水艇

除了可以在水上漂浮的船舶，还有一种可以潜入水中的船舶，它就是潜水艇。为什么潜水艇既可以浮在水面上，又能潜入水中？它是怎么做到的？

潜水艇的工作原理并不复杂，它有多个蓄水舱，潜水艇的上浮和下沉都与这些蓄水舱密切相关。把水注入蓄水舱时，潜艇的重量逐渐增大，一旦重力大于水的浮力，潜水艇就开始下沉。注水越多，下潜深度越大（深度越大，海水密度越大）。反之，把蓄水舱中的水排出时，潜水艇的重量随之减小，潜水艇就自然而然上浮了。一旦重力小于水的浮力，它就会浮出水面。当蓄水舱中的水量不变时，潜水艇就保持相应的深度。道理是不是很简单呢？

现代化的潜水艇不再单纯依靠蓄水舱，而是附加动力来控制潜水艇的沉浮。潜水艇内有氧气装置，可以供艇内人员呼吸。早在十六世纪，已经有人提出了潜水艇的构思。第一艘有文字记载的潜水艇是1620年由荷兰发明家尼利斯·德雷尔建造完成的。史上第一艘用于军事的潜水艇出现于美国独立战争期间。如今，潜水艇主要用于军事目的，它的隐蔽性超强，能在水下发射鱼雷、导弹等。所以，潜水艇的军事威力不容小觑，在科研、能源勘探、水下观光等方面也散发着耀眼的光芒。

思政园地

经过长期发展，我国综合交通运输行业实现了由"瓶颈制约"到"总体缓解"再到"基本适应"的历史性转变，我国已成为名副其实的交通大国。近年来，交通运输行业认真贯彻落实党中央、国务院决策部署，紧紧抓住交通运输基础设施发展、服务水平提高和转型发展的黄金时期，牢牢把握"先行官"定位，加快建设现代综合交通运输体系，开启了交通强国建设的新征程。智能船舶将现代信息技术、人工智能技术等新技术与传统船舶技术进行融合，从而达到了安全可靠、节能环保、经济高效的目的。

智能船舶技术的核心包括数据化、网络化。数据化是指对相关数据进行采集、存储、分析、决策，让船舶具备数据感知能力。网络化需要解决"物联"和互联平台建设问题，其中"物联"问题更为重要，尤其是要实现设备与设备之间"质"的

第一章 船舶认知

连接，让设备产生学习能力和决策能力。

智能船舶有种种优势，是未来船舶发展的必然方向，也将是船舶工业领域竞争的焦点。总体来看，尽管我国的智能船舶技术取得了一定进步，但船舶的"智能化"发展尚处于初级阶段。请同学们想一想，未来船舶的新功能包含哪些？

第二章

古船文化

第二章　古船文化

第一节　浮具与筏

一、浮具

浮具比筏和独木舟更早出现，是人类最早使用的水上工具。浮具所用的物料是倒下的树干、脱落的树枝，以及随处可见的竹竿和芦苇。树干、竹竿、芦苇本身的浮力很小，所以需要将一束束捆起来使用。

浮具可以说是最原始的筏。人类最早在水上使用的交通工具并不是船舶，而是漂浮工具。当时生产力低下，人类还不会制作独木舟、筏，而是将一些浮力很大的物体作为水上交通工具，葫芦舟就是最早被人类应用的漂浮工具。葫芦舟也叫作渡水腰舟，又称为渡水葫芦。葫芦舟是人类战胜洪水最古老、最简单的浮具，后来由浮具发展为筏，最后演化为船舶，如图2-1所示。

葫芦舟具有重量轻、浮力大、防水性强等优点。古人渡水时一般将三四个葫芦串起来，缚在腰间，入水后人半沉半浮，利用手脚划水前进。

图2-1　葫芦舟

在缺乏木、竹等浮体材料但动物兽皮较多的地方，人们把兽皮整体剥下，制成一个封闭的皮囊，然后吹气使之膨胀，就可漂浮在水上，支撑或拖带1~2个人渡河。这

31

种用兽皮制造的浮具称为皮浮囊，如图 2-2 所示。

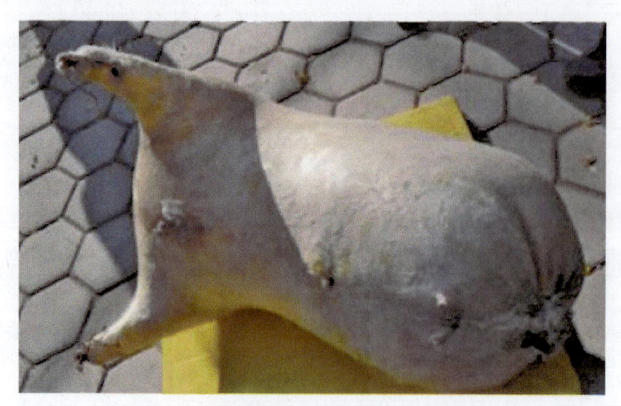

图 2-2　皮浮囊

二、筏

筏源于浮具，是浮具发展的必然结果，是远古时期人类的渡水工具之一。为了寻求比浮具更好的水上工具，人们尝试把一些漂浮物捆起来制成筏，如竹筏、木筏、草筏等。筏从诞生之日起，就是人类生产、生活、交通以及战争的重要工具之一，在历史上发挥过非常重要的作用，中国的某些沿江地区至今还把筏作为一种水上交通和游乐工具。

筏的制作材料多为树干、竹竿、芦苇等长条形物体，把它们横向排列，然后用野藤、草绳、皮条捆扎起来就制成了筏。后来，人们又将树干或竹竿扎成长方形框架，在框内缚上其他具有浮力的物体，如皮囊、葫芦、陶器等，制成不同材料的筏，如图 2-3 所示。

图 2-3　筏

与单体浮具相比，筏的浮力增强了，行驶时更平稳和安全；筏面面积扩大了，可装运更多货物，人在筏面上可立可坐，不需要浸在水里。

筏的制造材料来源广泛且容易取得，结构简单，技术要求不高，可根据需要制作成不同的尺寸，十分方便，也省时省力。

知识拓展

1. 羊皮筏

羊皮筏是一种古老的渡河工具。将羊皮去毛、缝制，吹成气囊，绑在柳木做成的长方形骨架上，就做成了羊皮筏。羊皮筏有大有小，最大的羊皮筏由600多只羊皮袋扎成，小羊皮筏一般由十几个羊皮袋扎成。羊皮筏适用于短途运输，可用于渡送两岸行人及货物。

羊皮筏是黄河文化的重要组成部分，是古代劳动人民的智慧结晶，如图2-4所示。

图2-4 羊皮筏

2. 牛皮筏

牛皮筏是我国藏族同胞用牦牛皮制作的一种水上交通工具。西藏地区河流众多，地形复杂，河水湍急。为了适应这种自然环境，藏族人民创造了牛皮筏这种水上交通工具。

牛皮筏的制造过程很简单。首先用坚硬、有弹性的树木做成骨架，然后将牦牛皮缝合，将湿牛皮包在骨架上，用牛皮绳捆紧，最后晒干、擦油、定型。为了避免牛皮缝口处进水，可用牛/羊油加以密封。

牛皮筏除了轻便、灵活，另一个显著优点是制作工艺十分简便，而且成本低，所用的骨架、牛皮、牛皮绳（或皮绳）等均可自己制造，如图2-5所示。

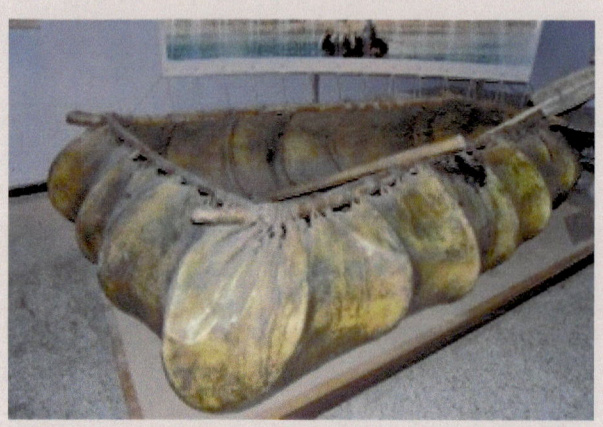

图 2-5　牛皮筏

思政园地

中国拥有漫长的海岸线和众多江河湖泊，华夏先民在新石器时代就开始制造原始船舶。制造出独木舟后，人们还发明了帆、桅、桨、橹、舵、篙等船舶属具；在东汉末年刘熙所撰的辞书《释名》中，第二十五篇《释船》阐述了以下五方面内容。

（1）总结定义。对船舶的性质和作用进行诠释。

（2）船舶属具。对帆、桅、桨、橹、舵、篙，甚至拉船的纤绳等属具，从作用、形状、操作部位等方面进行解释和说明。对中国发明的舵，就安装位置、作用等进行简要说明。

（3）船体结构。对汉朝时期船舶的甲板、舱底结构，以及庐、爵室等上层建筑进行说明。

（4）船舶分类。对各类船舶进行命名，根据战时的作用将战船分为攻击舰"先登"、装甲舰"蒙冲"、快速战舰"赤马"等；还根据载重量分类，将战船分为五百斛以上的"斥候"、三百斛的"舟周"、二百斛的"艇"等。

（5）稳定性理论。书中明确讲了船舶主尺度对稳定性的重大影响，如"江南所名，短而广，安不倾危者也。"

同学们，想一想古代造船业的发展对中国传统文化有哪些促进作用？

第二节　独木舟

一、独木舟的起源

在古代，出于生存的需要，在水边生活的人们经常涉水。在小溪、山涧中，人们可以涉水而过，但面对深河大流时，人们只能"望河兴叹"，对岸丰富的果实、猎物不断地诱惑着他们。直到有一天，他们发现一只小蚂蚁正乘着一叶枯枝轻舟而行，或者即将溺水而亡的人突然抓住了身边一段漂浮的朽木而得救，于是这些身披兽皮的人们得到了提示，如果有一段足够大的树干，人类也可以像小蚂蚁一样在水上漂浮航行。就这样，人类朦胧的造船意识形成了。人类最早制造的船舶是独木舟，那么，我们先来看看远古时代独木舟的制作过程。

在遥远的古代，人们发现树叶、树干在水里会漂浮，但树叶能负荷的重量很小，而树干能负荷较大的重量，并且树干越粗大，能承受的重量越大。人们还发现，圆柱形的树干在水里不稳定且会翻滚，人们根本无法在这种圆柱形树干上活动。于是人们用石斧将圆柱形树干削平，形成了最早的独木舟。

后来，人们对削平的树干进行了进一步加工和处理，其方法也极为简单，即取一段槽状朽木并将其内部稍加处理，或者将一段树干砍挖成槽，然后削去外面的旁枝和树杈。当时制造独木舟的主要工具是石刀、石斧等，以如此简陋的工具制造独木舟，特别是在整段树干上挖槽，当然困难重重。于是，聪明的人类又发现用火烧比用石斧加工木材更方便，他们设法将树干两端削尖，在不需要挖去的地方涂上厚厚的湿泥巴，再用火烧掉要挖去的部分，这部分被烧成一层炭，再用石斧砍这些炭就比较容易了，独木舟就是这样制造成功的，如图 2-6 所示。

经过无数次实践，人类学会了用手臂划水来控制船舶的航行方向。因此，人类

图 2-6　早期的独木舟

的第一支桨应该是人的手臂。独木舟问世于旧石器时代晚期。到了新石器时代，盛产森林的广大地区已普遍使用独木舟了。

二、中国古代的典型独木舟

第一种典型独木舟是平底独木舟，它的底部是平的，头部、尾部呈方形，没有起翘，如图2-7所示。

图2-7 平底独木舟

第二种典型独木舟是尖头方尾独木舟，它的头部尖尖的，向上翘起，尾部是方的，底部也是平的，如图2-8所示。

图2-8 尖头方尾独木舟

1965年在江苏省常州市的淹城遗址出土了两条尖头方尾独木舟，它们尖头敞尾，头部微上翘，尾部敞开，宽而平。其中一条独木舟长4.22米，舱上口宽0.32米，深

0.45 米，尾舱宽 0.69 米，用楠木制成。

第三种典型独木舟是尖头尖尾独木舟，头部翘起，尾部也翘起，如图 2-9 所示。

图 2-9　尖头尖尾独木舟

1958 年在江苏省常州市的淹城遗址出土了一条尖头尖尾独木舟，它的舟形如梭，两端小，尖角上翘。这条独木舟中间宽，全长 11 米，舱上口宽 0.9 米、深 0.45 米，用整段楠木挖空制成。独木舟的外壁光滑，木纹依旧，内壁布满焦炭和斧痕，说明是由古代先民用火烤数十次后用斧凿制加工成的。经检测，这条独木舟已有 2800 多年的历史，当属西周时期的遗物，是我国目前发现的最古老、完整的独木舟，号称"天下第一舟"。

三、筏和独木舟的优缺点

筏和独木舟各有优缺点。筏的制作过程比独木舟容易，易于取材，尺寸容易增大，可以携带更多物品，行驶也比较平稳，不怕水浅、流急，是很好的水上工具；但在水上推进和操纵筏比较困难，同时无法保证货物免遭浸湿之苦。

我国至今还使用着各种形式的筏，如江南的木筏、漓江上的竹筏、鄂伦春族的桦树皮筏、藏族的牦牛皮筏、黄河沿岸的羊皮筏等。

独木舟的水密性很好，易于推进和操纵，但其运载能力比较薄弱，稳定性也不够理想，如图 2-10 所示。

四、独木舟对现代船舶的意义

虽然制造独木舟的技术含量很低，但这是船舶史上的重大进步和突破。同浮具一样，不同地区的原始船舶各具特色。古埃及地处沙漠地区，植被稀少，那里的人民怎样制造筏或独木舟呢？聪明的古埃及人用当地盛产的纸莎草制成纸莎草筏，之后在纸

船/舶/文/化

图 2-10 独木舟

莎草筏上架起了风帆。爱尔兰人则用当地常见的柳条编制成柳条舟，作为独具特色的渡水工具。船舶是人类最伟大的发明之一，也是人类智慧的见证。船舶的诞生让我们不得不赞叹，人类的智慧是多么伟大啊！

有了独木舟，人类的活动范围扩大了，视野开阔了，从此可以跨越水域，开拓新的天地。可以说，独木舟的出现是人类历史上划时代的大事，它为人类进一步认识自然、改造自然奠定了基础。后来，独木舟演变成木板船、舢板、舫船、帆船、楼船等。可以说，没有独木舟，就没有现代船舶。

独木舟的出现奠定了人类造船技术的基础，现代船舶大多是从中国古代的几种独木舟演变而来的。

知识拓展

1. 中国远古时期的独木舟

独木舟是人类在原始社会就已广泛应用于渔猎和运输的水上工具。

（1）1976年在广东省化州县（今化州市）石宁村出土的独木舟。该独木舟长7.62米，宽0.99米，深0.6米，由铁木制成，木质坚硬，木身巨大，树龄为1000年以上。这条独木舟制作精细、造型美观，考古人员推断其制造年代为南朝时期。

（2）浙江省杭州市萧山区跨湖桥遗址出土的独木舟。该独木舟保存基本完整，船头上翘、比船身窄，弧收面及底部的上翘面十分光洁；离船头1米处有一片面积较大的黑焦面，东南侧舷内有大片黑焦面，西北侧舷内也有面积较小的黑焦面，船头留有宽度约为10厘米的挡水墙（已破缺），船体较薄。这里的"上翘""窄""挡水墙"都是独木舟的形状特征，这些黑焦面是借助火焦法挖凿船体的证据，是独木舟挖凿工艺的明显特征，如图2-11所示。

图2-11 跨湖桥遗址出土的独木舟

2. 外国远古时期的独木舟

独木舟不是中国独有的，国外一些地区也发现了不少独木舟。

（1）最古老的北欧独木舟。该独木舟在荷兰被发现，制造年代大约为公元前6315年，如图2-12所示。

图2-12 最古老的北欧独木舟

（2）德国北部出土的独木舟。该独木舟是用针叶树制成的轻质独木舟，有半圆形剖面，距两端1.2米处各有两道隔壁，厚0.12米，如图2-13所示。

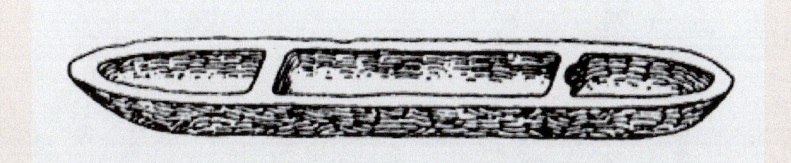

图2-13 德国北部出土的独木舟

（3）英国出土的青铜时代的独木舟。该独木舟内部有若干个在木料上凿出的横

向肋骨，如图2-14所示

图2-14 英国出土的青铜时代的独木舟

（4）印度尼西亚人使用的带舷外浮子的独木舟。这种独木舟的两侧各有一只小型舷外浮子，这两只浮子通过两根横向布置的竹竿与独木舟连接在一起，从而大大改善了独木舟在海上航行时的稳定性，如图2-15所示。

图2-15 印度尼西亚人使用的带舷外浮子的独木舟

（5）波利尼西亚双体独木舟。公元前2000年前后，波利尼西亚人制造出了双体独木舟，常出没于太平洋中，这类独木舟在大洋中航行比较平稳，挂上风帆亦不会倾覆，如图2-16所示。

图2-16 波利尼西亚双体独木舟

3. 现代的独木舟运动

独木舟在满语和赫哲语中被称为"威呼",在有些地方被称为"快马子船",用整根大树干砍凿制成。这种独木舟长两丈有余,宽以能坐下一人为度,有平口圆底,两头尖且微微上翘。船桨长近一丈,船桨中部是可手握的桨把,两端是桨叶板,用时左右交替划行。这种船有大有小,有的只可容一人,有的可坐五六人。

乾隆皇帝东巡盛京时,曾两次把驾"威呼"作为故乡的"土风"并赋诗题咏,称赞这种"制坚质朴提携便,圆底平舷坐起康"的水上交通工具。后来人们也用木板制作这种长而窄的小船,仍称其为"威呼"。除单独行驶外,也可以将两只"威呼"用木板并联,组成"对子船",用来在涨水的季节运送车辆和货物。在冬季,有的人把"威呼"搬到岸上,用来做喂马的槽子,可谓"物尽其用"。

此外,东北一些林区的猎民还有一些颇具特色的水上交通工具。比如鄂伦春族等民族使用的兽皮船,将剥下的整张犴皮或鹿皮朝外制成船形,晾晒、干燥、定型后就可以下水使用。这种兽皮船能载重二三百斤,可以乘两三个人或装少量货物。它轻便易携,又很结实,多在水流不急、水面不宽的小河泊中使用,但每次使用的时间不能太长,以免把皮泡软,影响浮力。这种兽皮船算是十分特别的了。

在江南尤其是湖川(湖南、湖北、四川、重庆)一带,过去乃至当前流行一种名为"舢板"或"划子"的小船。"划子"用木板精心拼装而成,其造型与独木舟类似,是携带鸬鹚捕鱼的渔民专用的,撑"划子"是江南小河上一种特有的风景。

4. 独木舟与奥运

皮划艇分为皮艇和划艇。皮艇起源于格陵兰岛上的爱斯基摩人制作的一种小船,他们将鲸鱼皮、水獭皮包在骨头架子上,用两端有桨叶的桨划动。划艇起源于加拿大,因此又称为加拿大划艇。实际上,这两种艇都是由独木舟演变而来的,因此一些国家和地区(如日本、韩国、朝鲜等)也把皮划艇称为独木舟。

现代皮划艇运动起源于1865年,苏格兰人麦克格雷戈以独木舟为蓝图,制造出了第一只皮划艇,这条皮划艇长4.57米,宽0.76米,重30公斤。麦克格雷戈在1865年—1867年划船周游了法国、德国、瑞典等国家,还编写了一本书,从而积极推广了皮划艇运动。1867年,麦克格雷戈创建的英国皇家皮划艇俱乐部举办了第一次皮划艇比赛。

1936年，在第11届夏季奥林匹克运动会上，皮划艇被列为奥运会的正式比赛项目。1954年，北京市水上运动会设立了男子1000米和女子500米皮艇比赛项目。1974年，中国加入了国际皮划艇联合会。国际皮划艇联合会的总部位于西班牙马德里；中国皮划艇运动的全国性群众组织是中国皮划艇协会，其总部设在北京。

思政园地

中国在长期的船舶制造和航海实践中，根据各地不同的地理环境和特殊条件，制造出了不同的传统船型。在二十世纪六十年代，保留下来的传统船型有1000种以上。以中国海船为例，保留了沙船、福船、广船三大船型，平底的沙船多航行于北方水域，尖底的福船、广船多航行于南方海域及东南亚、南亚等地区。在二十世纪七十年代，船用内燃机被推广和使用，导致传统帆船消失得很快。到了二十世纪九十年代，中国沿海地区的传统帆船几近绝迹，只有部分内陆地区保留了传统帆船。

沙船是中国传统船舶的三大海船船型之一，其历史悠久，发源于长江口及崇明一带的浅吃水船。沙船的前身可追溯到春秋战国时期，最晚出现于唐朝时期，是唐朝北方海域的典型船型。沙船在宋朝时期被称为防沙平底船或平底船，在元朝时期仍被称为平底船，在明朝时期被统称为沙船。沙船的使用范围极广，可用作官船、军船、漕船、盐船以及明朝车船（轮船）等，外形为方艏、方艉、平底、多桅、尾有出艄。沙船的性能优良，在海域及内河中均能行驶，主要航行区域为北方海域以及长江、内河，也能航行至福建、广东及东南亚等地区，亦容易通过水浅、沙滩多的水域。沙船的上层建筑少，大部分露出甲板，吃水浅，能平搁在沙滩上，还能逆风行驶，平稳而安全。

福船是适用于远海航行的优良船舶。福船呈"V"型，船底纵向设有龙骨，吃水深，有利于破浪航行。福船头部尖、尾部宽、两头翘，两舷边向外拱，有宽而平的甲板，舷侧用对开原木厚板加固。造船用材主要为松木、杉木、樟木、楠木等。有些福船的头部或尾部有活水舱，活水舱的满载水线附近有孔，当头部或尾部在风浪中下降时，水流入活水舱，头部或尾部上升时水又缓缓流出，减少风浪造成的摇摆。

广船又称为广东船、乌艚，大小相当于福船。广船头部尖、体长，吃水较深，梁拱小，甲脊弧不高，有较好的耐波性。

同学们，中国古代的造船技术处于世界一流水平，请结合以上资料，谈谈你对工匠精神的理解。

第三章
中国造船文化的发展

第一节　中国古代的造船文化

中国是世界上造船历史最悠久的国家之一，历经几千年的发展，中国古代的造船技术取得了极其辉煌的成就，在相当长的时间内遥遥领先。中国的文明一直与大海有着密不可分的联系，得天独厚的自然条件使中国的造船技术在古代就拥有着令世界各国赞叹的伟大成就。

一、发展初期

古籍《物原·器原》记载了"伏羲始乘桴，轩辕作舟楫"。可以看出，在原始社会时期，最早的水上工具是浮具，然后慢慢演变成筏、独木舟，可以说是中国最早的船舶雏形，造船技术也自此走上了历史的舞台。

筏作为制作过程最简单的一种水上工具，是最早出现的船舶形象。古人就地取材，逐渐形成了南方的木筏、广西一带的竹筏、黄河中上游的羊皮筏等。

关于独木舟的制作则有着"刳木为舟"的说法，在河姆渡遗址中曾发现了距今约 7000 年的木桨和独木舟模型，是历史最悠久的水上交通工具。

在夏、商和西周时期，人们主要使用木板船。在春秋战国时期，诸侯争霸的局面在一定程度上促进了造船技术的发展，帆、舵、桨相继出现，造船技术随之提高。在北魏时期，由于朝廷的重视，造船技术得到了极大提高，于 430 年建造出了 3000 艘可载 2000 吨货物的大船，其航行速度和战斗力极其惊人。

二、秦汉时期造船业的发展

秦汉时期是我国古代造船业的第一个高峰时期，受开国战争和海上丝绸之路的影响，人们对船舶的需求日益增多，极大地促进了我国造船业的发展。秦汉时期的造船业继承了前朝一些国家发达的造船业技术，并加以创新和发展。这一时期的船舶数量庞大且类型众多，甚至可以建造技术高超的楼船，如图 3-1 所示。

船/舶/文/化

图 3-1 秦汉时期的船舶

据史料记载，秦国在平息南方的战争中动用了一支能运输 50 万石粮食的船队。秦统一全国后，仅秦始皇在位期间就先后进行了 5 次极大规模的海上巡游。据《华阳国志》记载，"司马错率巴、蜀众十万，大舶船万艘，米六百万斛，浮江伐楚，取商於之地为黔中郡。"足以看出其规模之大、类型之多。

到了汉朝时期，水师力量十分强大，楼船是水师的主力，舰队中配备了各种作战船舶，舰队最前列的冲锋船称为"荣登"，速度较快的船舶称为"奔马"。楼船的建造和发展是造船技术发展的重要标志，其一般高 10 余丈，甲板上建有很高的楼层，每层都设有防御敌人冷箭的矮墙，还有发射弓弩的窗孔，船体上蒙有皮革，旗幡林立，声势浩大。

1977 年初，广州市内曾发现一处规模庞大的秦汉造船遗址，遗址中心平行排列着三个造船台。造船台的滑道长度为 88 米以上。一号造船台宽 1.8 米，露出的长度为 29 米；二号造船台更大，根据其长度和宽度计算，可以建造宽为 6~8 米、长为 30 米、载重为 50~60 吨的木船，可见秦汉时期造船业的生产能力和技术水平已经相当成熟了。

秦汉时期在造船技术上取得的成就对后世造船技术的发展影响深远。三国时期的造船技术在秦汉时期的坚实基础上得以传承和发展。历史上的吴越之地，其造船业极其发达。据记载，吴国的船舶高达五层，可容纳三千多人、八十多匹马。

孙权乘坐的"飞云""盖海"等大型船舶更为壮观，民船制造业发展极其兴盛。到了南朝时期，江南等地已经可以建造 1000 吨的大船；南北朝时期杰出的数学家、天文学家祖冲之建造了千里船，"于新亭江试之，日行百余里"，这种装有桨轮的船舶也称为车船，其原理不是利用自然风力航行，而是通过人脚踏车轮的方式推动船舶前进，为船舶的动力改进提供了新思路，同样在造船史上起着重要的作用。

三、唐宋时期造船业的发展

唐宋时期海外贸易不断扩展，经济繁盛，为造船技术的发展提供了强大的基础和动力。我国古代造船业自此进入成熟时期，到达了第二个高峰。

唐朝时期疆域辽阔，经济繁荣，有开放的国家政策，经济、文化、艺术、科技都具有多元化的特点，与世界各国的联系也相对密切，极大地促进了唐朝海上贸易的发展。当时，扬州、浙东、洪州、嘉兴、金陵等地都设立了船厂，以满足各类漕运需求，制造各种类型的船舶。

唐朝大臣、文学家崔融描述的"天下诸津，舟航所聚，旁通巴汉，前指闽越，七泽十薮，三江五湖，控引河洛，兼包淮海。弘舸巨舰，千轴万艘，交货往来，昧旦永日。"恰如其分地描述了唐朝外交及航海的盛况。

唐朝时期的船舶种类齐全，船舶体积较大、构造坚固、平稳性良好，如图3-2所示。唐朝的船舶在当时举世闻名，受到很多其他国家的追捧。

图 3-2　唐朝时期的船舶

宋朝的统治者也极重视海上交通的发展，宋朝时期的造船技术在前朝的基础上加以发展，创造出了模型造船技术，其原理与现代的造船模型有异曲同工之妙，即在造船前手工制作船舶模型用以参考。这种造船技术融模拟、类推为一体，是中国古代造船技术的又一进步。同时，这一时期还出现了在船舶中设水密舱壁的技术，即将船舱用舱板隔开，形成一个个互不相通的封闭舱区。航行时如果有一两个船舱破损而导致水流涌入，不会影响其他船舱，从而保证了船体的浮力，既增强了船舶的安全性，也增强了船舶的稳定性。

1974年在泉州出土的宋朝海船如图3-3所示。船舶的底部被封成13个水密隔舱，船底板用两重木板组装，船舷板则用三重木板组装，其坚固性、适航性、安全性都十分优良。

图3-3　宋朝海船

总体来看，唐宋时期的造船技术在数量和质量上都有举足轻重的发展。中国的远洋船队频繁地穿梭在汪洋大海之上，享誉海外。

四、明朝时期造船业的发展

明朝时期的政治措施和对外政策使造船技术和工艺有了突飞猛进的发展，登上了我国古代造船业的顶峰。明朝时期的造船技术继承了唐宋时期的先进造船技术，其数量和质量都远超前代。

元朝时期的海运以运粮为主，仅在元朝初期，水师战舰就达到了17900艘之多。在此基础上，明朝时期又建造了五桅战船、六桅座船、七桅粮船、八桅马船、九桅宝船等，使我国造船业达到了一个新的高潮。

明朝时期的造船厂遍布全国，其规模之大、配套之全，是历史上绝无仅有的。正因为有这样的宏伟基业，才有了历史上著名的郑和七次下西洋的壮举。郑和的宝船属于沙船，是其中的佼佼者。宝船的造船厂主要分布在今天的江苏太仓和南京两地，福建福州也有一部分。郑和下西洋时就是以江苏太仓和南京为母港，航行至福建福州的闽江口五虎门处扬帆出航的。

明朝时期的造船业以官营为主，但随着资本主义的萌芽，江南地区出现了一定数量的手工工场，民营造船厂应运而生。商品跨地域流动、文人墨客游玩之风盛行，再加上隆庆元年（1567年）解除海禁，极大地促进了民营造船业的发展，船舶成为明朝百姓海上出游时不可或缺的交通工具。

中国古代的造船业发展是人民智慧的伟大结晶。从春秋时期的木板船开始，经秦汉时期和唐宋时期的不断发展，造船工艺和技术到达了顶峰。郑和宝船如图3-4所示，郑和下西洋的规模之浩大和船舶技术的先进性，是哥伦布、麦哲伦难以望其项背的成就。

图 3-4 郑和宝船

"欲国家富强，不可置海洋于不顾；财富取之于海，危险亦来自海上。"纵观我国几千年的造船史，航海技术的兴衰与中华民族的兴衰荣辱息息相关。从航运大国向航运强国的转变，无疑是我国重中之重的时代目标。

船/舶/文/化

思政园地

  郑和下西洋是明朝永乐、宣德年间的一场海上远航活动,首次航行始于永乐三年(1405年),末次航行结束于宣德八年(1433年),共计七次。使团正使由郑和担任,船队航行至婆罗洲以西洋面("西洋"),因此得名。

  在七次航行中,郑和率领船队从南京出发,在江苏太仓的刘家港集结,至福建福州的长乐太平港驻泊,伺风开洋,远航西太平洋和印度洋,拜访了三十多个国家和地区,包括爪哇、苏门答腊、苏禄、彭亨、真腊、古里、暹罗、榜葛剌、阿丹、天方、左法尔、忽鲁谟斯、木骨都束等地,最远到达东非、红海等地。

  郑和下西洋是中国古代规模最大、船舶和海员最多、时间最久的海上航行,也是欧洲的地理大发现航行之前世界历史上规模最大的海上探险。

  同学们,请结合郑和下西洋谈一谈你对技术兴国、科学技术是第一生产力的看法。

第二节 中国近代的造船文化

十九世纪六十年代，随着第二次工业革命的到来，西方造船业得到了快速发展。

1807年，美国人富尔顿制造出世界上第一艘用蒸汽作动力的船"克莱蒙特号"，人们称之为"汽船"。汽船的发明使人类在水路交通方面取得了突破性进展，船舶的发展进入新时代。1859年，英国巨型游轮"大东方"号从英格兰启程，开始了它的处女航。"大东方"号是一艘铁壳船，其长度超过特拉法尔加广场，高度超过伊丽莎白塔，重量超过威斯敏斯特主教堂，它的船桨如摩天轮一般大。

近代中国的造船业虽倡建甚早但起步较晚。早在鸦片战争时期，林则徐就发现了洋面水战是西洋长技，于是仿造西式船舶，此举实开中国近代购买和建造西式船舶之先河。在林则徐的倡导下，一些有识之士起而应之。后经实践证明，完全从外国买轮船的办法行不通，用手工业的方法自造轮船也不可能成功，制造轮船的唯一可行之法是引进和学习西方的机器生产和造船技术。经过多次挫折，中国人在造船问题上发生了观念的转变。

中国近代的造船业是从江南机器制造总局开始的。1862年，李鸿章担任江苏巡抚，驻节上海，参观英、法军舰，深感"实非中国所能及"。当时，外国人在沪埠开设的机器厂不下十家，李鸿章命丁日昌就近访求，以便议购。1865年6月，李鸿章购买了美商所开的旗记铁厂，并将原有的两个洋炮局并入，组成新厂，定名为江南机器制造总局。这样，江南机器制造总局成为中国近代第一座大型兵工厂，如图3-5所示。

此后，江南机器制造总局的造船技术不断进步，使中国近代造船业有了自己的开端。

如果说江南机器制造总局制造了中国近代第一艘大型机器轮船，那么福州船政局便是中国近代创办的第一家造船企业，如图3-6所示。福州船政局的前身是清末设立的总理船政，设立福州船政局是左宗棠的建议。福州船政局成立之后，我国的造船水平迅速提高，而且达到了一定的高度。

图 3-5　江南机器制造总局大门

图 3-6　福州船政局

第一，自造轮船。1876年，由福州船政局自主设计制造的"艺新"号首次试航。这艘轮船"并无蓝本，独出心裁"，标志着国人掌握了近代造船技术，沈葆桢赞其为"中华发轫之始"。

第二，仿造铁胁兵船。铁胁兵船的仿造成功是福州船政局群策群力的智慧结晶。

第三，仿造巡海快船。仿造巡海快船的建议是北洋大臣李鸿章最早提出的。在福州船政局第四任督办黎兆棠的主持下，中国自造的第一艘巡海快船仿造成功，此船于1883年1月11日下水，被命名为"开济"号。

福州船政局主要由生产部门、教育部门（船政学堂）、军事部门（船政水师）三部分组成，是近代中国特设的第一个海防近代化事务机构，创造了诸多"历史第一"，被誉为"中国近代海军的摇篮"。

> **思政园地**
>
> 同学们，请结合中国近代造船文化以及鸦片战争等事件，谈谈你对民族复兴、爱国强国的理解。作为大学生，你应该如何去做？

第三节　中国现代的造船文化

中国现代的造船文化可以追溯到二十世纪五十年代初。随着中国工业化进程的推进，造船业开始向现代化生产阶段转变。在这一时期，中国政府积极引进国外的技术和设备，为建立现代化造船技术体系奠定了基础。

新中国成立后，在国家的有效组织和一批优秀的技术人员的努力下，我国造船业取得了一定的成绩。在建国初期，我国海上力量总体较弱。为了加强国防力量建设，首先考虑的是军用船舶的建造，发动机、船艇设计等均以军用为优先项。随着和平年代的到来，民用船舶占据了造船业的大头。改革开放后，我国逐步取消了造船业"吃皇粮"的模式，各大造船企业开始寻找民用市场，维持生计。不幸的是，二十世纪七十年代正是西方资本主义世界的经济滞胀期，全球造船业遭到了毁灭性打击，大量知名造船企业面临停工、亏损甚至破产的局面。在这一时期，我国积极引进国外的造船技术和设备，同时不断加强自主创新能力，建立了自己的科研团队和研究机构，形成了具有中国特色的造船技术体系。

从二十世纪八十年代开始，我国逐渐进入世界造船大国的行列，成为世界一流造船企业集中的地区之一。1982年—1997年，我国造船业成功打进了国际市场并站稳了脚跟，十几年间所造的船舶中有八成以上是为了满足出口所需，出口国包含了日本、美国、德国等此前造船业发达的国家。

在谈及中国造船业的发展时，我们常把"长城"号作为这场波澜壮阔的变革的开端。"长城"号是新中国成立后第一艘按照国际标准打造的出口船舶。二十世纪八十年代，"世界船王"包玉星给国内的船厂送来了第一笔订单，给备受压力的中国造船业送来一股"春风"。但是，与"春风"相伴的是压力，对方要求以英国劳式船级社认证的标准来建造。据悉，对方提供的造船要求说明书就有三大本，其中的大量名词着实难坏了造船师傅们。为了完成这一任务，双方的谈判时间达到了五个月，利用这段时间，我国的造船师傅们狠狠地恶补了专业知识。在后续对接国际标准时，师傅们再次认识到了中国造船业和世界的差距。他们痛定思痛，一方面放下身段，向国外的造船大佬们讨教；另一方面，洋土结合，想尽一切办法缩短中国和世界的差距。那个时候，几乎所有厂商都在开展轰轰烈烈的技术大练兵运动。最终，在多方共同努力下，中国造船业走向世界的第一战完美获胜。"长城"号的长度为197米，误差仅为2毫米；船身宽23米，创造了"0误差"的壮举，一举刷新了当时造船业的纪录，也奠定了良好的口碑。这艘按照国际标准制造的出口船舶是中国改革开放后第一艘按照国际规范和标准建造的万吨级的大型出口船舶，它的建成标志着我国造船业的进步，开创了造船业的新纪元，如图3-7所示。

图3-7 "长城"号

在这一时期，我国的造船企业倡导创新思维和持续改进，推动技术和管理不断升级。同时，我国还注重环境保护和社会责任，积极履行企业的社会责任，形成了注重企业文化建设的精神风貌。这一时期也是我国现代造船文化发展的黄金时期。

到了二十一世纪，随着环保和能源问题日益突出，以及国家海洋战略的推进，造船业逐渐成为海洋经济的重要领域。我国的造船企业积极响应国家号召，大力支持海洋发展战略，推动企业向高质量发展的方向转变，不断提升在国际市场中的竞争力。目前，我国已经初步建立了现代高水平船舶工业体系。经过多年的钻研，我国已掌握了建造液化天然气（Liquefied Natural Gas，LNG）船的核心技术。这一技术此前牢牢地掌握在日、韩等国手中，但我国的造船企业早就预见了这类船舶的未来前景。

我国现代造船业经历了许多重大事件，如我国第一艘自主设计建造的液化天然气船，如图3-8所示；新中国第一艘国产的万吨级远洋货轮"跃进"号，如图3-9所示；中国第一艘自行设计建造的浮式生产储油船"渤海友谊"号，如图3-10所示；中国第一艘自行设计建造的万吨级远洋科学考察船"向阳红"10号，如图3-11所示。

这些事件不仅是我国造船业的重大里程碑,更是我国现代造船文化发展的见证和历史印记。

图 3-8　液化天然气船

图 3-9　"跃进"号

图 3-10　"渤海友谊"号

图 3-11 "向阳红" 10 号

思政园地

民族精神是一个民族赖以生存和发展的重要支撑。中华文明之所以能历经千年而绵延不绝,一个重要原因就是中华民族拥有自强不息、奋斗不止的精神。中华民族历经苦难而生生不息,从抗洪到抗震,从奥运到飞天,万众一心的民族情怀和百折不挠的坚韧品格定格为无数震撼心灵的画面,砥砺我们奋力前行。

同学们,请结合自身实际,畅谈如何在逆境中历练自己。

第四章
船舶结构与设备的发展

第一节 龙骨结构

一、船舶龙骨

龙骨是船舶的主要构件,位于船舶的底部,是船底中央的一个纵向构件,类似于人和其他脊椎动物的脊椎,所以形象地叫作"龙骨"。龙骨通常是船壳中第一个被建造的部分。

中国古代船舶的龙骨结构是造船业的一项重大发明,对世界船舶结构的发展产生了深远影响。宋朝尖底海船的甲板平整,船舷下削如刃,船的横断面为"V"形,下设贯通首尾的龙骨以支撑船身,使船舶非常坚固,如图4-1所示。欧洲的船舶在十九世纪初才开始采用这种龙骨结构,比中国晚了数百年。

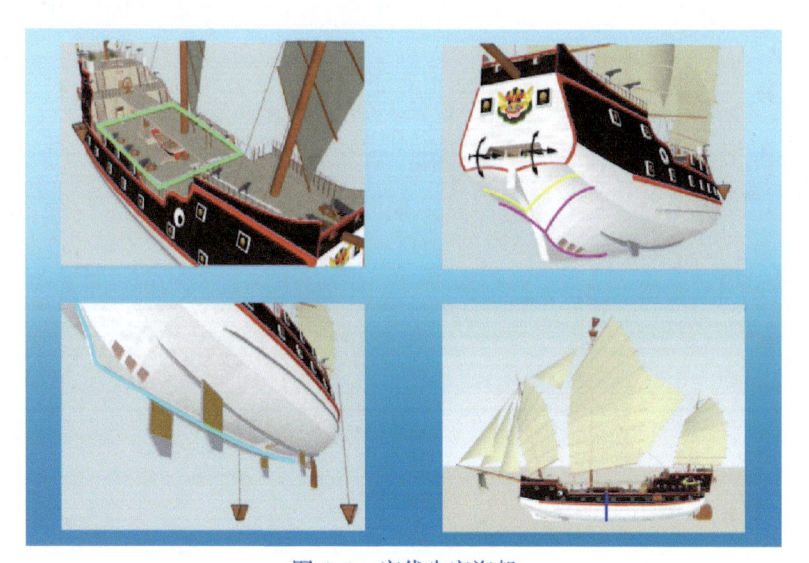

图4-1 宋代尖底海船

二、龙骨结构的作用

龙骨的第一个作用是承受水压力,以及搁浅时的压力和摩擦力,对提高船舶的纵向强度有重要作用。

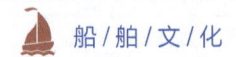

龙骨的第二个作用是扩大船舶的侧面面积,提高船舶在水中的并联阻抗,这对于逆风航行尤为重要。此外,龙骨还对船舶的稳定性有重要作用,减少了船舶的倾斜或反向转动。

三、龙骨结构的类型

在现代船舶中,龙骨可以分为平板龙骨、中内龙骨、旁内龙骨等,如图 4-2 所示。

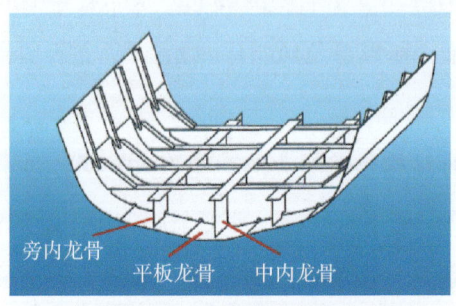

图 4-2 龙骨结构的类型

1. 平板龙骨

平板龙骨也称为龙骨板,是一列纵向船底板。为了增大龙骨的强度,单层底船的平板龙骨上要设置中内龙骨;双层底船的平板龙骨上要设置中桁材,如图 4-3 所示。为了补偿磨损和腐蚀的损耗,平板龙骨的厚度通常比船底板的厚度大 20%～40%。现代舰艇普遍采用平板龙骨。

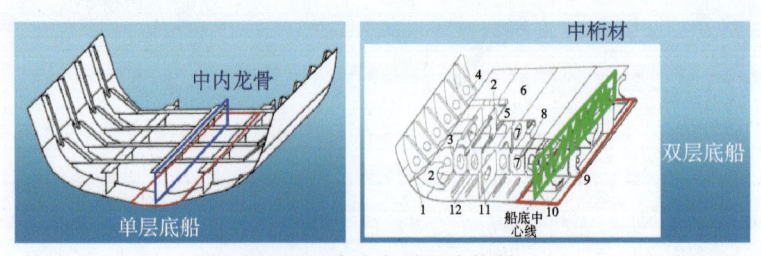

图 4-3 中内龙骨和中桁材

有些大型舰艇在平板龙骨中心线的两侧对称设置两根水密船底桁,与内底板、肋板等组成箱形龙骨,如图 4-4 所示。其内部空间可铺设管路、电缆等,有的还可作为检查、修理的纵向通道。

图 4-4　箱形龙骨

2. 中内龙骨

中内龙骨在船舶的中线面上，并焊接在平板龙骨上，采用钢板焊接组合成"T"形，如图 4-5 所示。中内龙骨起保证船底纵向强度的作用，一般贯通全船。

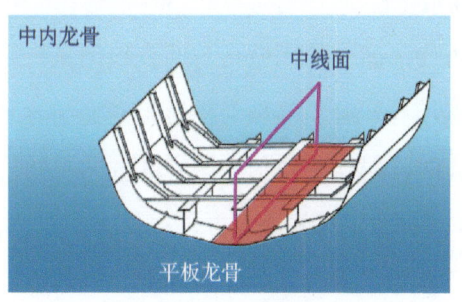

图 4-5　中内龙骨

3. 旁内龙骨

旁内龙骨位于中内龙骨两侧，是对称布置的纵向构件，一般由折边板材或"T"形材料制成，其作用是承受总纵弯曲以及船底的局部强度，如图 4-6 所示。

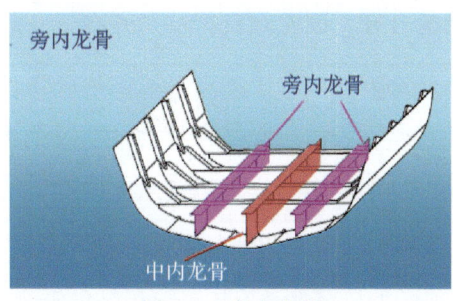

图 4-6　旁内龙骨

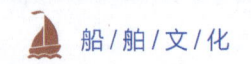

第二节　水密隔舱

一、水密隔舱的起源

水密隔舱是中国古代造船工艺的一项重大发明，它用水密隔板把船舱分成互不相通的舱室。水密隔舱首先应用于内河船舶。宋朝之后，水密隔舱在海船上也得以应用，隔舱板由船底板、两舷肋骨、甲板下的横梁形成环形，并增加了厚度，这样既增强了船体强度，又有利于提高水密性。

据史料记载，中国古代船舶上的隔舱板与船壳板用铁钉钉连，船壳板由三层薄板叠合而成，用桐油和石灰填补船缝，船舷与隔舱板紧密结合，牢固地支撑着两舷，增强了船体的整体刚性。比起同时代阿拉伯帝国和欧洲的帆船，中国的船舶不仅可以做得更大，而且更能抵御大洋深处的惊涛骇浪。

在宋元时期，中国的船舶普遍设置了水密隔舱，大船内隔有数舱乃至数十舱。当时，中国船舶的水密隔舱享誉中外，许多其他国家的人提到中国，都称赞水密隔舱的水密性和良好的抗沉性，而西方船舶直至十八世纪才有水密隔舱。

二、水密隔舱的作用

首先，舱与舱之间严密分开，因此在航行特别是在远洋航行中，即使有一两个舱破损进水，水也不会流入其他舱。从整体来看，船舶仍然保持着相当的浮力，不会沉没。如果进水太多，船舶支撑不住，只要抛弃货物，减轻载重量，就不会很快沉入海底。如果船舶破损不严重，进水不多，只要把进水舱内的货物搬走，就可以修复破损的地方，不会影响船舶继续航行。如果进水较严重，也可以驶到最近的港口进行修补。因此，水密隔舱既提高了船舶的抗沉性，又增强了远航的安全性能。

其次，水密隔舱使货物的装卸和管理比较方便，提高了装卸效率。这种设计还使隔舱板和船壳板紧密连接，让隔舱板起到肋骨的作用，使船的整体抗沉性得以提高，船体更加坚固。

另外，由于隔舱板与船壳板紧密连接，起着加固船体的作用，不仅增加了船舶的整体横向强度，而且取代了加设肋骨的工艺，使造船工艺简化。

郑和船队的所有海船均采用了水密隔舱结构，隔舱板横向支撑船舷，增强了船体抵抗侧向水压的能力，所以郑和船队才能在洪涛巨浪前"悠然顺适，倏忽千里，云驶星疾"。

三、水密隔舱结构对世界造船业的意义

中国船舶采用的水密隔舱结构很早就受到了其他国家的赞赏。意大利旅行家、商人马可·波罗在他的游记中对中国的船舶进行了详细的描述。英国海军工程师塞缪尔·本瑟姆曾经考察过中国的船舶结构，并引进了中国的水密隔舱结构，对欧洲的造船工艺进行了改进。中国先进的水密隔舱结构逐渐被欧洲乃至世界各地的造船工艺所吸取，至今仍是船舶设计中重要的结构形式。

船/舶/文/化

第三节　舵

一、舵的产生

随着中国古代航海事业的发展，人们不断向深海远洋发起挑战，以前用来把握方向的篙或桨已经不能满足当时人们远渡重洋的需求。为了解决这个问题，人们发明了舵。舵的发明不仅助力中国人行船水上，开拓新的天地，而且促进了世界海洋文明的发展。舵的优势主要有哪些呢？在一望无际的大海上，古人又是如何将船舶平稳地停在水面上的呢？

舵是用于控制船舶方向的设备。现在的船舶无论多么巨大，都要通过舵把握方向，所以舵的发明和创造是非常重要的。在汉朝之前，人们通过桨使船舶按照既定的方向前进。桨可以在推进的同时控制航向，但当众多桨手划船时，既要推进又要控制航向就相当困难了。于是，人们专设了一名控制航向的桨手。控制航向的桨手位于船尾，因为船尾距船舶的转动中心较远，改变航向时最省力、快捷，又与推进桨手互不干扰，如图4-7所示。后来，船体加大，桨叶面积也随之增加，逐渐产生了舵。

图4-7　控制航向的桨手

1955年，广州东郊发现了一处东汉墓葬，从中出土了一个陶船模型，这个模型上有一个舵，它的形状就像一个船桨，这是中国早期的舵，如图4-8所示。

图 4-8　陶船模型

二、平衡舵的发明

早期，舵杆并不与水面垂直，称为拖舵。到了唐宋时期，舵日趋完善和成熟，有些舵的舵叶延展到了舵杆之前，舵杆前后的水压力比较平衡，使转舵更省力，称为平衡舵。有些舵的舵叶上开有菱形小孔，使舵叶两侧的水相通，转舵省力且不影响舵效。有些舵加设了悬舵索和绞舵装置，以便根据航道深浅调整舵叶的入水深度，如图 4-9 所示。后来，大型船舶增加了操舵装置，由滑车、绳索等组成。

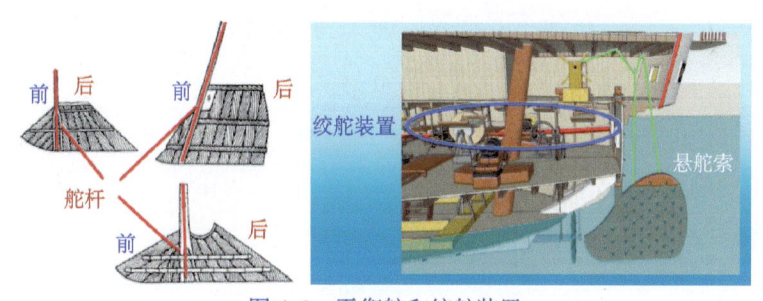

图 4-9　平衡舵和绞舵装置

平衡舵是中国造船技术的一项重要技术发明，是指一部分舵叶在舵杆前方。平衡舵能缩小舵叶平面的摆动力矩，使转舵较为省力，对控制航向有较好的效果。

三、舵的类型

根据不同的分类依据，舵有不同的分类方法，如图 4-10 所示。

根据舵杆轴线在舵叶上的位置，舵可分为不平衡舵、平衡舵和半平衡舵。

1. 不平衡舵

不平衡舵的舵叶全部在舵杆轴线的后方。不平衡舵的舵杆轴线在舵叶导边处，舵

69

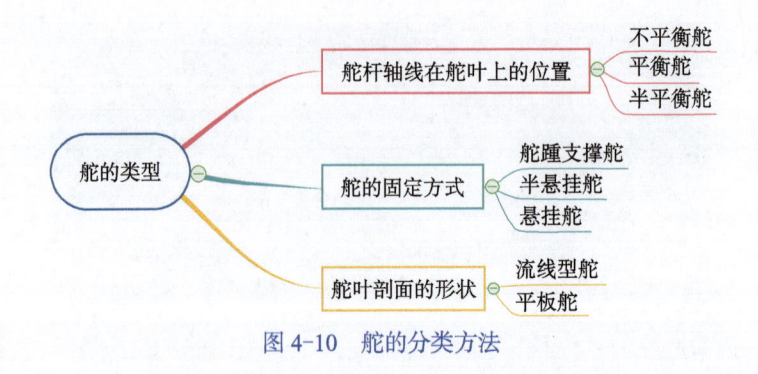

舵的类型
- 舵杆轴线在舵叶上的位置：不平衡舵、平衡舵、半平衡舵
- 舵的固定方式：舵踵支撑舵、半悬挂舵、悬挂舵
- 舵叶剖面的形状：流线型舵、平板舵

图 4-10　舵的分类方法

的压力中心至舵杆轴线的距离较大，有利于保持航向的稳定性，但所需的转舵力矩也较大。

2. 平衡舵

平衡舵的舵杆轴线前后都分布着舵叶，舵的压力中心至舵杆轴线的距离较小，故转舵力矩较小，但舵在水流的作用下易摆动。

3. 半平衡舵

半平衡舵的舵杆轴线前的舵仅分布在下半部，其转舵力矩介于不平衡舵和平衡舵之间，上半部为不平衡式，下半部为平衡式。

根据舵的固定方式，舵可分为舵踵支撑舵、半悬挂舵、悬挂舵三种。

根据舵叶剖面的形状，舵可分为流线型舵和平板舵。

第四节 减摇龙骨

一、减摇龙骨的起源

唐朝海鹘船的两侧有浮板,以减少船体摇摆,宋朝时期又出现了减摇龙骨。1979 年 4 月,人们在浙江省宁波市东门口的交邮工地施工时发现一艘宋朝古船,船左、右舷的第七板和第八板结合处各有一根断面为半圆的长木,长木纵向安装在舷外,用铁钉固定。半圆木的残长为 7.10 米,最大宽度为 90 毫米,贴近船壳板处的厚度为 140 毫米,用两排间隔为 400~500 毫米的铁钉固定。半圆木位于船体水线以下,即使空载也不露出水面,其作用是减少船体摇摆以加强航行稳定性,故又称为减摇龙骨,如图 4-11 所示。

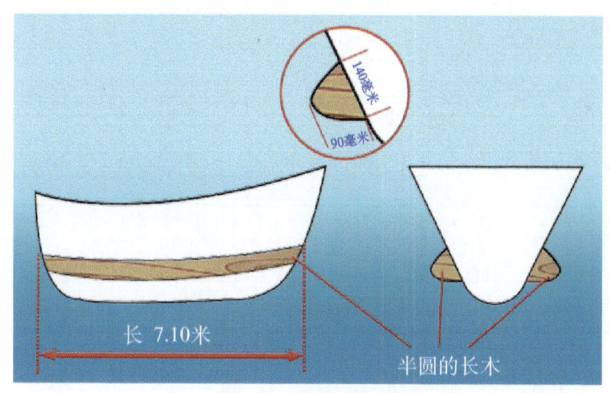

图 4-11 减摇龙骨

经查,清朝道光六年(1826 年)刊印的《江苏海运全案》中有"沙船底图",其中的"梗水木"就是减摇龙骨,"梗水木"一词既确切又形象。外国船舶安装减摇龙骨始于十九世纪,比中国晚了数百年。

二、现代的减摇龙骨

对于现代船舶来说,减摇龙骨就是舭龙骨,是对称安装在船舶两侧舭部的连续型材。其主要作用是增加船舶横摇时的阻尼,减轻横摇的程度,属于一种固定式减摇装置，但会相应地降低船舶的可操纵性，如图 4-12 所示。

图 4-12　舭龙骨

当船舶横向摇晃得厉害时，人容易晕船，影响作业或作战。减摇龙骨的结构简单，减摇效果显著，是改善船舶适航性的一项重大技术进步，对促进航海事业的发展起着极为重要的作用。

三、其他减摇装置

减摇水舱是船舶上的一种防摇设备，用来减小船舶的摇摆程度。我国古代的船舶上已出现了减摇水舱。早期船舶上的减摇水舱是一种被动式平面减摇水舱，但这种水舱占用空间大、噪声高，因而后来被淘汰了。真正使减摇水舱发展成一种减摇装置的是被动式 U 型减摇水舱，如图 4-13 所示。它出现于 1911 年，是德国人佛拉姆发明的。被动式 U 型减摇水舱的有效减摇波浪频率范围非常窄，主动式 U 型减摇水舱的经济性很差，这些缺点限制了减摇水舱的推广和应用，使减摇水舱技术在相当长的时间内没有明显进展。

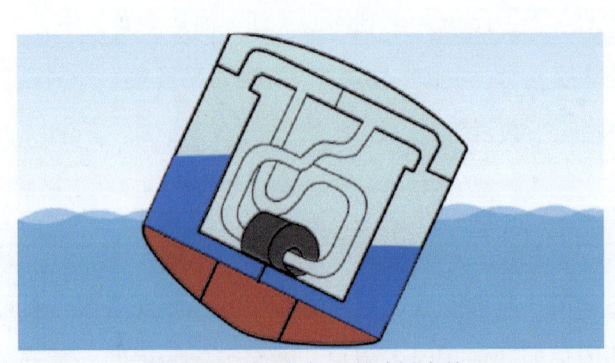

图 4-13　被动式 U 型减摇水舱

减摇鳍是效果最好的减摇装置,装于船舶的舭部,剖面为机翼形,又称为侧舵。船舶航行时通过操纵机构转动减摇鳍,使水流产生向上的作用力,从而形成减摇力矩,可以减少船体横摇。减摇鳍的结构复杂,造价较高,且效果取决于航速,航速越高,效果越好,故多用于高速船舶。

减摇鳍有收放式减摇鳍和非收放式减摇鳍两类。配备减摇鳍装置能提高船舶的安全性,改善船舶的适航性;改善工作条件,提高船员的工作效率;避免货物碰撞及损伤;提高船舶在风浪中的航速,节省燃料,增加其他船舶设备的使用寿命;保证特殊作业能够正常进行,如直升飞机起降、使用观测仪器等。

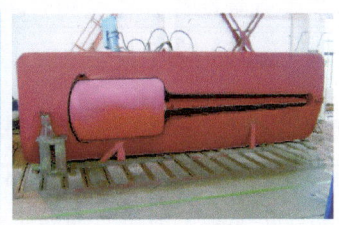

图 4-14　减摇鳍

陀螺式减摇装置利用陀螺转子产生阻摇的稳定力矩使船舶减少摇摆,但因造价昂贵而未被广泛采用。

船/舶/文/化

第五节 船　坞

船坞是修造船舶用的坞式建筑物，灌水后可容船舶进出，排水后能在干底上修造船舶。

船坞可分为干船坞和浮船坞，由最初的"船坑"演变而来。在海岸边，人们利用水位的涨落来升降船舶，在涨潮时将船舶引入一个三面围以土堤的"船坑"里，落潮时船舶即坐落在预置的支墩上，然后用围堰封闭缺口以进行修理工作；船舶需要出坑时，人们将围堰拆去，趁涨潮时出坑。后来，人们逐渐将土堤改为坞墙，将围堰改为坞门，利用水泵控制坞内水面的涨落，逐渐演变为干船坞。干船坞的应用较多，一般人们所称的船坞即为干船坞，如图 4-15 所示。

图 4-15　干船坞

干船坞的三面接陆，一面临水，其基本组成部分是坞口、坞室和坞首。坞口用于进出船舶，设有挡水坞门，船坞的排灌水设备通常建在坞口两侧的坞墩中；坞室用于放置船舶，坞室的底板上设有支撑船舶的龙骨墩和边墩；坞首是与坞口相对的一端，其平面形状可以是矩形、半圆形、菱形，坞首的空间是坞室的一部分，可在这里拆装螺旋桨和尾轴。干船坞配有各种动力管道及起重、除锈、油漆、牵船等附属设备。当船舶要进入干船坞时，首先用灌泄水设备向坞内充水，待坞内与坞外的水位齐平时，打开坞门，利用牵引设备将船舶慢速牵入坞内,之后将坞内的水抽干,使船舶坐落于龙骨墩上。当修完或建完的船舶要出坞时,首先向坞内灌水,当坞门内外的水位齐平时,打开坞门,牵船出坞。

浮船坞是一种可以移动并能浮沉的"凹"字形船舱,它不仅可用于修造船舶,还可用于打捞沉船、运送深水船舶通过浅水航道等。我国于1974年建成了第一艘25000吨级的"黄山"号浮船坞,此船坞全长190米,高15.8米,宽38.5米,沉入水下的最大深度是13.2米,具有13000吨的举力,能抬起25000~30000吨载重量的海轮。浮船坞的自动化和电气化程度较高,船坞的浮沉由中央指挥台操纵,坞上设有电站(发电量可供有十万人口的城镇照明)以及机工、电工、木工等车间。

图 4-16　浮船坞

据《三国志·吴书·吕蒙传》记载,为了修理较大的战船,吴国大将吕蒙在安徽巢河的濡须口水师基地修建了一个"形状如偃月"的船坞,这个船坞连通江河。船舶由江河经支流进入船坞后,便在入口处筑起堤坝,然后把船坞内的水排干,船舶就坐落于早已建好的墩木上了,接下来便可进行修理。修好后,挖开堤坝,江水涌入船坞,船舶就能驶入江河,这是世界上有关船坞的最早记载。

到了宋朝时期,造船业空前发展,船坞也更加发达。北宋时期,张平监阳平都木务兼造船场之际,"旧官造船既成,以河流湍悍,备其漂失,凡一舟调三户守之,岁役户数千。平遂穿池引水,系舟之中,不复调民。"这种船坞通过"穿池引水",把船舶引入,减轻了百姓的岁役,使船舶可以安全停泊。

欧洲最早的船坞是于1495年建成的,比中国晚了五百年左右;若与吕蒙所建造的原始船坞相比,则晚了一千多年。

船/舶/文/化

第六节　锚

古时候的船舶并没有锚，那时的人们通过一块大石头（称为"碇"，相当于现在的船锚，用绳子将"碇"系起来）的重量使船舶停泊。碇是如何被发明的呢？

《资治通鉴》记载了"祖横两蒙冲挟守沔口，以栟闾大绁系石为碇，上有千人，以弩交射，飞矢雨下，军不得前……"这段记载记述了东汉时期建安十三年（208年）发生在沔口的一场水战。当时孙权占领了江东，还要进一步拓展霸业，谋图荆楚地区，于是率军发动了对江夏太守黄祖的进攻，在沔口建立了一道防御线，于是就有了这段记载。其中的"栟闾"就是我们常说的棕榈，棕榈外面包着一层网状的纤维，"大绁"就是用棕榈的纤维做成的粗大的绳子，用这些绳子把石头系起来作为"碇"抛到水里，就可以使两艘蒙冲船固定在水面上。蒙冲船上有上千人，用弓和弩交叉射击敌人，箭如雨下，使孙权的军队不敢靠前。

在这场水战中，"碇"发挥了非常重要的作用，这也是我国古代典籍中最早记载"碇"的史料。此后，"碇"得到了广泛的应用，而且有了很大的发展，从单纯的石制变成了木石结构，又发展为铁锚。

知识拓展

船舶设备是指船舶上的可移动但不带消费性质的物品，主要包括舵设备、锚设备、系泊设备、拖拽设备、起货设备、救生设备、关闭设备、管路、舾装件、舱底水系统、压载系统、日用水系统、消防设备、通风设备等。

1. 起锚机

起锚机是船舶上的一种甲板机械，用来收、放锚和锚链，通常安装在船舶头部和尾部的主甲板上，与绞车配合使用。起锚机主要由基座、支架、锚链轮、刹车、链轮、变速箱、电控系统（手动起锚机除外）等组成。此外，电动起锚机还有电动机，液压起锚机还有液压泵站。

2. 动力装置

船舶必须配置一整套符合规范的动力装置和辅助设备，才能在水上航行。这些动力装置包括主动力装置、辅助动力装置、蒸汽锅炉、制冷和空调装置、压缩空气装置、船用泵和管路系统、造水装置、自动化系统等。

（1）主动力装置

主动力装置又称为"主机"，是船舶的心脏，是船舶动力装置中最重要的部分，主要包括以下三部分。

①船舶主机。船舶主机是能够产生船舶推进动力的发动机，包括为主机服务的泵、换热器、管路等。商船的主机以船用柴油机为主，其次是汽轮机。

②轴系和推进器。在船舶推进器中，螺旋桨的应用最为广泛，大多数船舶采用固定螺距或可调螺距的螺旋桨推进器；船舶轴系是将主机发出的功率传递给螺旋桨的装置。船舶主机通过传动装置和轴系带动螺旋桨旋转，产生推力，使船舶前进或后退。

③传动装置。传动装置是把主机的功率传递给推进器的设备，还可起到减速、减震的作用，小型船舶还可利用传动装置改变推进器的旋转方向。传动装置因主机型号的不同而略有差异，主要由减速器、离合器、耦合器、联轴器、推力轴承、船舶轴线等组成。

（2）辅助动力装置

辅助动力装置又称为"辅机"，是船舶上的发电机，它为船舶在正常情况和应急情况下提供电能，由发电机组、配电盘等设备构成。

①发电机组。发电机组的原动力主要由柴油发电机提供。考虑到船舶的安全性和维护管理的简便性，大型船舶通常会配置不少于两台同一型号的柴油发电机，可以根据需要同时发电。

②配电盘。配电盘用于进行电的分配、控制、输送、变压、变流，以满足各电力拖动设备及全船的生活、照明、信号、通信等需要。

（3）蒸汽锅炉

以柴油机为主机的船舶上都设有蒸汽锅炉，它由辅助锅炉和废气锅炉以及配套的管路、设备组成。辅助锅炉可以供应某些辅助性蒸汽，如加热燃油、滑油、暖气、生活用水、厨房、开水等，并满足一些辅机使用蒸汽的需要。为了节能，废气锅炉利用柴油机排气产生的余热来产生蒸汽。

（4）制冷和空调装置

船舶安装制冷装置是为了冷藏运输货物以及改善船员和旅客的生活条件。空调装置的任务是保持舱室具有适于人们工作和生活的条件，在夏季进行降温、除湿，在冬季进行加热、加湿，并进行一年四季的通风换气工作。制冷和空调装置的主要设备有制冷压缩机、蒸发器、冷凝器、空调器及其自动化控制元件等。

（5）压缩空气装置

船舶上通常有多台空气压缩机和多个压缩空气瓶，以供应并存储全船所需的压缩空气，如用压缩空气启动主、辅柴油机，以及为甲板气动机械等设备提供气源等。压缩空气装置的主要设备有空气压缩机、贮气瓶及安全控制元件等。

（6）船用泵和管路系统

为了泵送海水、淡水、燃油、滑油等液体，船舶上需要一定数量和不同类型的泵。机舱中一般会设置舱底泵、燃油和滑油输送泵、锅炉给水泵、冷却水泵、压载水泵、卫生泵等主要的油泵和水泵。船舶上还会设置各种用途的管路，它们与泵相连，按用途可分为以下两类。

①动力系统。动力系统是保证主、辅机安全且持续运转的管路，有燃油、滑油、海水、淡水、蒸汽、压缩空气等管路。

②船舶系统。船舶系统是为船舶航行、船舶安全、人员生活服务的管路，如压载、舱底水、消防、卫生、通风（空调）、生活用水等管路。

（7）造水装置

造水装置又称为造水机，是在真空状态下对海水进行加热，产生蒸汽，然后将蒸汽凝结成淡水的设备。

（8）自动化系统

随着科学技术的进步，机舱控制系统越来越先进，船舶动力装置的远距离操纵与集中控制大大改善了船员的工作条件，提高了工作效率，减少了维护和修理的工作量。自动化系统对机舱的主、辅机及其他机械设备进行遥控、自动调节、监测、报警等，是现代船舶必不可少的组成部分。

3. 船用绞车

船用绞车是用卷筒缠绕钢丝绳或链条以提升或牵引重物的轻小型起重设备，又称为卷扬机。绞车可以单独使用，也可作为起重、筑路、矿井提升等机械系统的组成部件，因操作简单、绕绳量大、转移方便而被广泛应用。

绞车有手动和电动两类。手动绞车的传动机构上装有停止器（棘轮和棘爪），可使重物保持在一定的位置。装配或提升重物用的手动绞车还会设置安全手柄和制动器。手动绞车一般用在起重量小、设施条件较差或无电源的地方。电动绞车广泛用于工作繁重和牵引力较大的场所。单卷筒电动绞车的电动机经减速器带动卷筒，电动机与减速器输入轴之间装有制动器。为了满足提升、牵引、回转等作业的需要，人们还制造出了双卷筒和多卷筒装置的绞车。

4. 起货设备

起货设备是船舶自备的用于装卸货物的装置和机械，主要有吊杆装置、起重机及其他装卸机械。

（1）吊杆装置

吊杆装置由吊杆、起重柱、索具、绞车等组成，是传统的起货设备。虽然吊杆装置的绳索众多、操作麻烦，但因结构简单、制造容易、成本低廉等特点，至今仍被广泛使用。

①单杆操作和双杆操作。吊杆装置装卸货物有单杆操作和双杆操作两种方式。单杆操作是指用一根吊杆进行装卸，吊杆吊起货物后，拉动牵索使货物随吊杆一起摆向舷外或货舱口，然后放下货物，再把吊杆转回原位，如此往返作业。单杆操作时，每次都要用牵索摆动吊杆，所以效率低、劳动强度大。双杆操作是指用两根吊杆操作，一根置于货舱口上空，另一根伸出舷外，两根吊杆被牵索固定在某一工作位置上，它们的起货索则连在同一个吊钩上。只要分别收、放两根起货索，就可以把货物从船上卸至码头，或者把货物从码头装到船上。双杆操作的装卸效率比单杆操作高，劳动强度也较轻。

②双千斤索吊杆装置和埃贝尔吊杆装置。改良型吊杆装置是后来出现的，双千斤索吊杆装置是由单杆操作的吊杆装置改进而成的，装置中只有起货索和两组左右

分开的千斤索。吊杆由一台起货绞车和两台千斤索绞车操纵,操作方便,装卸效率也高。埃贝尔吊杆装置是由双杆操作的吊杆装置改进而成的,装置中有起货绞车、千斤索、牵索绞车,可以借助绞车很快地把吊杆放在任何位置,同时还可以在吊杆的工作范围内定点起吊和放置货物,以提高装卸效率,这是向货物装卸全自动化前进的重要一步。

③轻型吊杆装置和重型吊杆装置。吊杆装置可分为轻型和重型两类,起重量为10吨以下的是轻型吊杆装置,超过10吨的是重型吊杆装置。吊杆的起重量根据船舶的用途决定。一般干货船的轻型吊杆装置单杆操作的起重量为3～5吨,双杆操作的起重量为1.5～3吨;万吨级干货船的单杆操作起重量可达10吨,双杆操作起重量可达5吨。现代的多用途船要装卸集装箱,吊杆能吊起20英尺标准集装箱(重量为20吨左右)。重型吊杆是用来装卸大型机械、机车车辆等大件货物的,一般货船上仅设置1～2根,起重量一般为10～60吨,也有60～150吨的,少数可达300吨。一般干货船的每个货舱内都有2根轻型吊杆,巨型干货船的每个货舱内往往设置4根轻型吊杆。

(2)起重机

①甲板起重机。甲板起重机是设置在船舶甲板上的机械。这种起重机结构紧凑,使船舶有较多的甲板面积可以利用,对视线的影响较小。甲板起重机操作简便、装卸效率高、机动灵活,作业前没有烦琐的准备工作,应用日益广泛。

②固定旋转起重机。这种起重机的应用范围最广,可以单独或成对地在左右舷作业,起重量一般为3～5吨。在多用途船上,单吊设备能吊起20英尺标准集装箱,双吊设备能吊起40英尺标准集装箱(重量为30吨左右),起重量可达25～30吨。

③移动旋转起重机。在要求起重机跨距较大而吊臂不太长的情况下,往往采用移动旋转起重机。移动旋转起重机有沿船舶横向移动和纵向移动两种。

④龙门起重机。这种起重机在集装箱船和载驳船上被广泛采用,通常为四足型或C型。桥架的水平主梁高出堆放在甲板上的集装箱,并有自动定位装置,装船时可以把集装箱准确地放在集装箱分格中或堆放在甲板上。载驳船上的龙门起重机数量比集装箱船上的多,起重量可达几百吨。

(3) 其他装卸机械

其他装卸机械主要包括升降机、提升机、输送机等。升降机是沿导轨垂直移动的机械，供各层甲板提升和下降货物用，滚装船多用升降机连接各层甲板以运送货物。滚装船上的升降机有剪式、链式等，其长度为9~18.5米，宽度为3~5米。有些载驳船上也有升降机，其起重能力比滚装船上的大得多。

提升机是在垂直方向或较大的倾斜方向上连续输送货物的机械。输送机是在水平方向或坡度不大的方向上连续输送货物的机械。这两种机械多用在自卸船以及通过舷门进行装卸的船舶上。

思政园地

随着中国经济的稳步增长，中国在世界造船和修船领域占据了重要的地位。全球船舶工业呈现出由工业化及劳动力成本的高梯度国家向低梯度国家转移的规律，竞争格局由中、日、韩"三国鼎立"向中、韩"两强争霸"转变。同时，中国修船业务量位居全球第一。

同学们，看到中国造船业由弱到强，你们是不是有很强的民族荣誉感？

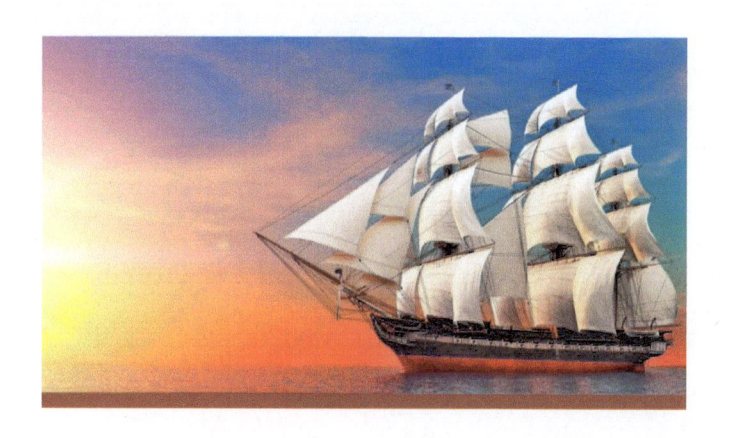

第五章
船舶动力的发展

第一节 桨、篙、橹

一、桨

人类最早的船舶是一段树干或用石斧把树干削平而形成的浮木,远古人类骑在树干上或坐在浮木上,顺着水流漂流。那时的船舶前进基于漂流,属于无动力状态。后来,出于人的本能,远古人类开始用自己的手臂划水来控制浮木的漂流方向,所以人类的手臂应该是人类的第一支桨。

我国是舟的故乡,也是桨的故乡。在河姆渡文化时期,桨与独木舟同时出现。独木舟出现后,远古人类发现用手臂划水控制航行方向越来越困难,逐渐开始寻找替代品,于是出现了与人类手臂形状类似的桨,如图 5-1 所示。

当时的桨与现代的桨差别很大,主要表现为握杆比较短,桨板又窄又长。经专

图 5-1 与人类手臂形状类似的桨

家考证,这是因为当时人们的划桨方式与今天相比有很大差别,那时的人们是一手握着握杆,一手把着桨板来划船的。不过,那时的桨已经做得很规整、美观,还带有漂亮的雕花图案。

从春秋时期开始,海军的雏形"舟师"不断发展,促进了桨的发展。后来,桨逐渐趋于大型化,握杆变长,桨板缩短、变薄,用起来更加方便、省力,加快了水上航行的速度,如图 5-2 所示。

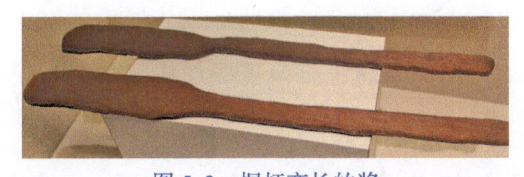

图 5-2 握杆变长的桨

晋朝以后，桨在外形上已经基本定型，但体积和表面积仍不断加大，用桨规模也逐渐变大，由原来的"一舟二桨"发展为"一舟多桨"或"桨叠层"，如图5-3和图5-4所示。

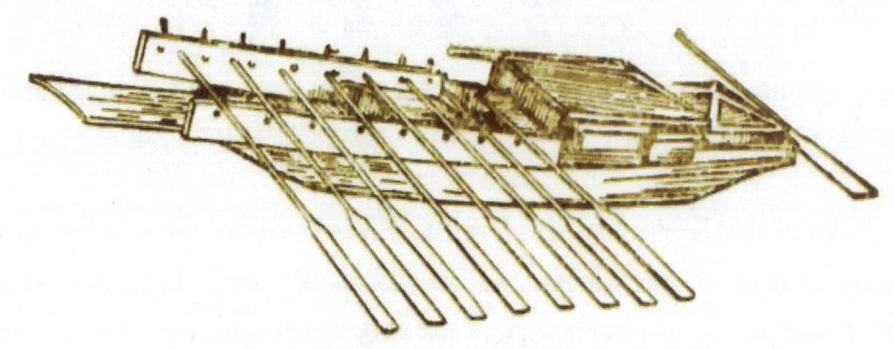

图5-3 一舟多桨

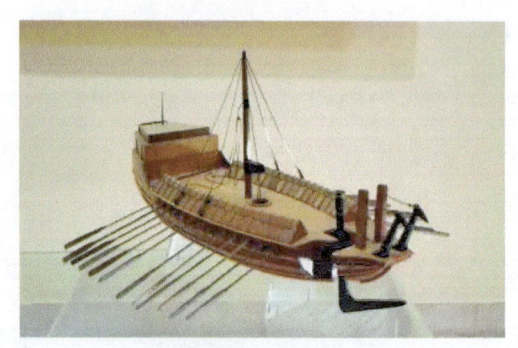

图5-4 桨叠层

船舶的种类多种多样，桨船是最普遍的船舶之一，它的做工相对简单，使用起来也比较方便。

你知道桨船是靠什么前行的吗？桨船能前行的奥秘就在于船桨。小小的桨为什么可以推动比它大很多的船舶呢？道理其实很简单。当桨的板状物与水接触并向后划动时，水对桨产生反作用力，船舶就可以徐徐前行了。

你知道古人是怎么发明桨的吗？人们观察到鱼通过不断摆动鱼鳍和鱼尾来前进，于是模仿鱼的胸鳍和腹鳍制成了桨。划桨时，桨前后划动就像鱼鳍前后摆动。

除此之外，小小的桨还利用了杠杆原理，用桨划船可以省距离。在转弯时，桨船也非常容易控制。如果要向左转，则只需要加快右桨的划动，或者直接倒着划动左桨。

现在，我们已经不再使用大型木船了，桨也逐渐淡出了我们的视野。现在的桨主要流行于各种游船上,带给游客一种古典、别致的韵味。奥运会还保留着赛艇比赛,不过比赛用的桨是经过精心设计的,用材、比例均与我们在游船上见到的仿古桨有很大区别。

二、篙

船篙是划船时的辅助工具,是一根长竹竿或木棒,是一种最简单的推进工具。篙一般由比较长的竹竿制作,用于在浅水中推进小型船舶。篙的制作过程简单,使用起来十分方便,最适合在浅水河道中航行的船舶,如图 5-5 所示。

图 5-5 篙

三、橹

橹是一种仿生鱼尾,安装在船尾,通过左右摆动使船舶像鱼摆尾那样前进。橹是船舶的一种推进工具,是在桨的基础上演变而来的。加长桨后,其操作方式从"划"演变为鱼尾式的"摇",产生了中国特有的橹。橹的发明是中国对世界造船技术的重大贡献之一,如图 5-6 所示。

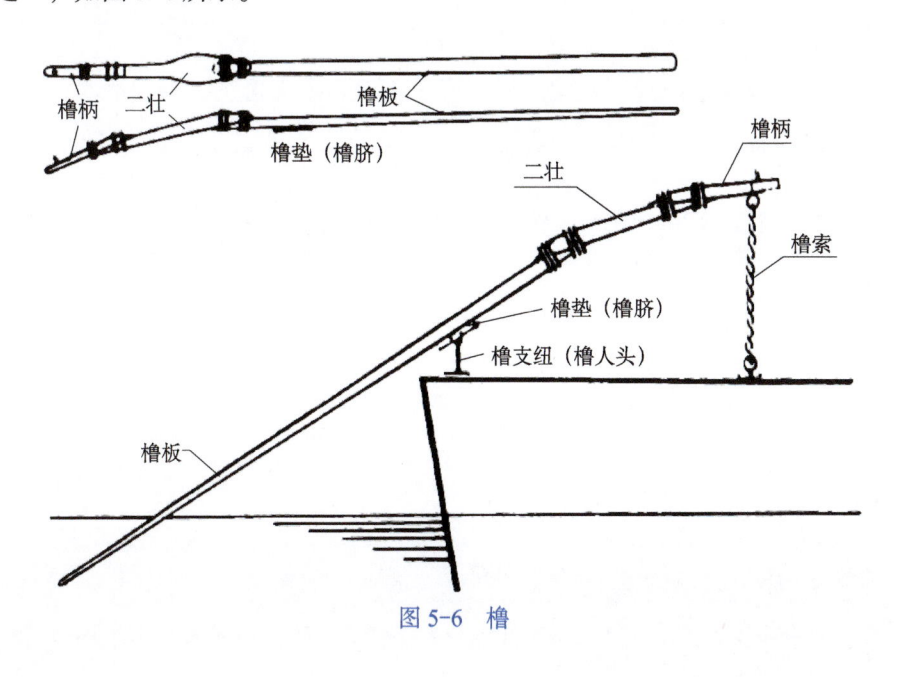

图 5-6 橹

船/舶/文/化

橹的具体起源时间难以确定，它最早出现的年代尚不可考，传说鲁班看见鱼儿在水中摆尾前进，遂削木为橹。

橹的外形类似于桨，但比较大，一般支在船尾或船侧的橹支纽上，入水一端的剖面呈弓形，另一端系在船舶上。用手摇动橹柄，使伸入水中的橹板左右摆动。橹摆动时，船舶与水接触的前后部分会产生压力差，形成推力，推动船舶前进。古人有"一橹三桨"的说法，意思是橹的效率可以达到桨的三倍，这是因为从桨到橹的变化实际上是从间歇划水到连续划水的变化，提高了效率。

橹这种推进工具比桨优越，它是一种连续性的推进工具，而且具有操纵船舶回转的功能。有些英国专家认为，螺旋桨的发明受到了橹的启发，欧洲人看到中国人使用橹后受到启发，发明了螺旋桨。这种说法是有道理的，螺旋桨旋转运动的叶片与在水中滑动的橹板十分相似。

桨和橹的区别如下。

（1）大小差别。橹是在桨的基础上演变而来的，橹比桨大。

（2）使用地点。桨在船舶的两侧，而橹在船舶的尾部。

（3）用力方式。桨在水中前后运动，橹在水中左右运动。

（4）操控性能。橹虽然省力，但是操控的舒适性比桨差。

橹一直置于水中，靠人力来回摇动来推动船舶前进。它和此前的桨不同，虽然都是靠人力，但摇橹更省力。

划桨时，桨板在水中滑动一次后，需要把它提出水面再进行一次滑动，这个过程很费力；而摇橹时只需要在橹柄处施加力，摇动很小的角度就可以使船舶前行。

知识拓展

目前，赛艇、皮艇、划艇是赛场上的三大舟艇比赛项目，都是借助艇和桨进行的竞速项目，三者的区别是：赛艇背向行进，皮艇以坐姿左右划水，划艇以跪姿单侧划水。

1. 赛艇

赛艇是由一名或多名桨手坐在舟艇上，背向舟艇前进的方向，运用其肌肉力量，通过桨和桨架的杠杆作用进行划水，使舟艇前进的一项水上运动，如图5-7所示。赛艇分为单人双桨、双人双桨、双人单桨无舵手、四人双桨、四人单桨无舵手、四人单桨有舵手、八人单桨有舵手等项目。

图 5-7 赛艇

2. 皮艇

皮艇是一种类似于独木舟的水上载具,但比木制的独木舟轻巧得多,如图 5-8 所示。皮艇的桨是桨杆两头都有桨叶的双叶桨,其主要结构特点是两片桨叶相互垂直或接近垂直。根据桨叶偏转的方向,皮艇的桨可分为左转桨和右转桨,运动员可根据其握桨习惯选择左、右桨。桨的重量、长度、形状、桨叶面积可根据运动员的身高、技术风格、力量、性别及不同艇种而定制。

图 5-8 皮艇

从发力原理来看,赛艇运动员依靠艇舱内的滑动坐板,手握扣在桨架上的桨杆,通过横向杠杆运动行进;而皮艇运动员采用坐姿,用脚控制方向舵,使用双叶桨在艇两侧轮流划水。

3. 划艇

划艇两头尖,艇身短,无桨架,无舵。划桨时运动员前腿成弓步立,后腿半跪,手持一头带有铲状桨叶的桨在固定的舷侧划水,并控制方向,如图 5-9 所示。

船/舶/文/化

　　划艇的桨一般用木材或玻璃钢制成，近年来又出现了碳素纤维材料制成的桨。碳素纤维材料使桨杆更坚固、耐用、轻便、易于维修。桨杆的横截面通常是圆形，这使桨叶有更好的方向性，有利于用力，也使桨杆有更强的抗弯能力。划艇的桨叶与皮艇的桨叶不同，桨叶沿中心线呈对称状。不对称的桨叶会产生不平衡的表面积，从而在动力作用下产生扭矩。

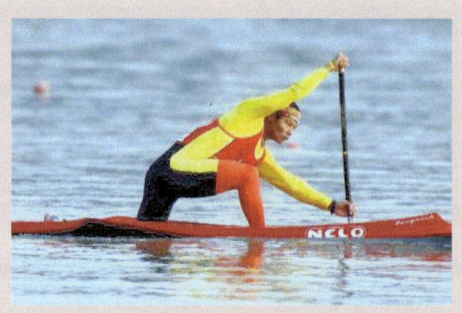

图 5-9　划艇

思政园地

大国工匠系列

　　很多人都在电视节目中或网上看到过辽宁省非物质文化遗产"二界沟排船制作技艺"的代表性传承人、大国工匠张兴华的造船画面，35 米长、200 吨排水量的大型木质机动渔船的建造场景令人震撼。然而，走进张兴华的工作室后，会看到另外一番场景，手工打造的几十艘小船错落排列，长度从三十几厘米到两三米不等，白色船帆上多写着"一帆风顺"字样。他痴迷于造船，凭着精益求精的态度成为了木船制作的"掌门人"。张兴华始终坚信，最好的船永远是下一条。

第二节 帆

帆是推动船舶前进的工具。帆与桨、篙、橹统称为船舶推进器。不同的是，帆将自然界的风作为动力，不再受人力的局限，使船舶的航速、航区大大扩展，为船舶的大型化和远洋航行开辟了广阔的前景。帆的出现是船舶发展史上重要的里程碑。帆船起源于欧洲，可以追溯到远古时代。

帆船是利用风力前进的船舶，是继筏之后的一种古老的水上交通工具，如图5-10所示。按照桅杆数划分，帆船可分为单桅帆船、双桅帆船、多桅帆船等；按照船型划分，帆船可分为平底帆船和尖底帆船等；按照船首形状划分，帆船可分为宽头帆船、窄头帆船、尖头帆船等。

图 5-10　帆船

中国宋、元、明、清时期使用的帆船有平底沙船、尖底福船、广船等，以及大型战船、楼船和运粮的漕船等。帆船通常是单体船，也有抗风浪能力较强的双体船。最先出现的是横帆，即横向安置的方形帆，船舶的航行比较依赖风向，无法逆风航行。接着出现了纵帆，即纵向安置的帆，纵帆的出现使逆风航行成为了可能。

但风帆也不是十全十美的，在无风的情况下，风帆寸步难行，而风力过大时若不及时收帆则容易导致桅杆断裂，使船舶倾覆。

一、帆船的动力来源

大家可能会认为帆船是被风"推"着跑的。其实，风的动力是以两种形式作用于帆的，帆船的最大动力来源于"伯努利效应"。

我们知道，当空气流动得很快时，在正面挡住它的物体会受到空气的冲击，这种冲击产生的压力称为动压力。当帆船顺风行驶时，空气对帆的动压力推动帆船前进。

由"流速增加，压强降低"的伯努利原理可知，当空气向一个方向流动时，它向侧面作用的力相对减小。也就是说，气体流动速度越大的地方，压强越小；流速越小的地方，压强越大。这样，气体流速小的地方对流速大的地方产生一个侧向的压力，迎风驶帆时船舶正是在风的侧向压力推动下前进的。

帆具有机翼一样的弧形，我们把帆的横截面和机翼的横截面对照一下，就可以看出它们的共同点。当气流通过帆或机翼时，机翼上面和帆前面的气流要"走"更长的距离来与机翼下面和帆后面的气流会合，因而加快了流速，使帆前面和后面及机翼上面和下面的气流产生了不同的流速。流速慢处的压强比流速快处的压强大，这个压强差使机翼产生了向上的升力，也使帆获得了向前的动力。

帆船在行驶过程中并不需要桨或橹，它以风为动力，通过帆两侧的压强差来推动帆船前行。那么到底该怎样操控帆船呢？通常在操控帆船时，人们用一只手掌舵来控制方向，用另一只手控制帆的角度。操控帆船时，最重要的是正确判断风向，然后调整帆与风向之间的角度。

不要以为帆船只能顺风行驶，其实帆船也可以逆风行驶。这时帆船的动力主要是吸力，且最好走"之"字形路线，这样速度较快且较为安全。若沿直线前行，帆船会被风吹得摇摆不定。逆风行驶时，帆与风向的夹角越大，船速越快。帆船上也会安装配重物来降低帆船的重心，从而减小帆船被风吹倒的概率。其实，人的重量有时也会对帆船的平衡有不小的影响。

二、帆船的航向限制

帆船既可以顺风行驶，也可以逆风行驶。但帆船的航向不是完全没有限制的，在正、逆风左右各约45°范围内无法产生有效的推进力。帆船在风的推动下，前进速度逐渐增加，风与帆的相对速度就会减小，风对帆的推力减小，船速会慢下来，进入不稳定状态。所以，对帆船来说，帆两侧的压强差并不是持续、高效的动力来源。当帆船的航行方向与风向有一定夹角时，帆船在静压力的推动下能得到持续稳定的推动力，获得较高的航行速度。

三、帆船的分类

1. 风浪板

风浪板是帆船与冲浪板的结合，可根据不同的要求（竞速、曲道、花式等）设计不同的浪板，有过浪、转向、飞跃、空翻等动作。

2. 轻舟型

轻舟型帆船的构造简单，没有船舱，尺寸不同，比赛时有一定的船型规定。轻舟型帆船一般用于训练、娱乐、运动、比赛等。

3. 小舱型

小舱型帆船有睡眠、烹饪、盥洗、存储等空间，以中程海上活动为考量设计。

4. 大舱型

大舱型帆船除了有小舱型帆船中的设备，还有客厅、卫浴、存储空间等，以长时间在海上活动为考量设计。

> **知识拓展**
>
> 奥运会、世界帆船锦标赛、中国帆船锦标赛通常采用奥林匹克梯形航线。除了49人级别，帆船比赛共进行11轮，在前10轮中选成绩最好的9轮来计算每条帆船的名次。每一轮的得分规则为：第一名得1分，第二名得2分，第三名得3分，第四名得4分，以此类推，前10名的帆船进入决赛。将某条帆船在每一轮比赛中的得分相加就是该船的总成绩，得分越少，名次越靠前。
>
> 奥林匹克梯形航线有两种绕标方式，一种是外绕，一种是内绕。外绕的竞赛航线顺序是：起航→1→2→3→2→3→终点；内绕的竞赛航线顺序是：起航→1→4→1→2→3→终点。帆船比赛根据比赛时的气象、水文情况确定赛场大小。不同级别的比赛用时不同，一般为45~90分钟。
>
> 帆船比赛主要有两种形式，一种是集体出发的"船队比赛"，另一种是两条帆船之间一对一的"对抗赛"。奥运会的帆船比赛采用"船队比赛"的方式。

船/舶/文/化

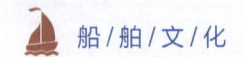

思政园地

大国工匠系列

周皓是中国科学院深海科学与工程研究所的一名普通钳工,负责深海科研装备的零部件加工、制造、维修工作。在两次马里亚纳科考航次中,他解决了156项科研装备技术难题;针对海试需要,对科考装备合理升级改造了58项,使国产自主研发的科研装备取得多项国际、国内第一。

第三节 螺 旋 桨

一、螺旋桨的定义

螺旋桨是靠桨叶在空气或水中旋转，将发动机的转动功率转化为推进力的装置，有两个或较多的叶与毂相连，叶向后的一面是螺旋面或近似于螺旋面。螺旋桨分为很多种，应用也十分广泛，如飞机、轮船的推进器等。

在十八世纪的工业革命时期，随着蒸汽机的出现，人们开始用蒸汽机为轮船提供动力。随着技术和材料的发展，以及对远航的需求增加，轮船越造越大，由于容易损坏和推进效率低等缺点，在船上装轮子已经不能满足使用要求，此时出现了安装在水下的推进器，这就是螺旋桨。螺旋桨具有重量轻、效率高、结构简单、不易损坏等特点，迅速取代了轮子，成为船舶的主要推进工具。

二、螺旋桨的种类

螺旋桨的种类很多，按照桨叶数量可以分为两叶桨、三叶桨、四叶桨……当然，桨片越多，功率就越大。按照结构，螺旋桨又可以分为以下几种。

1. 定距螺旋桨

定距螺旋桨的桨叶安装角度是固定的，即桨叶是一个整体。船舶倒退时，螺旋桨必须反转，这可以通过反转离合器或改变主机的转动方向来实现，如图 5-11 所示。定距螺旋桨具有坚固、不易受损、节能等优点，适用于小型船舶。

2. 变距螺旋桨

变距螺旋桨通过毂内机构转动桨叶，通过调节桨叶转动的螺距和角度来满足不同场景的需求，如图 5-12 所示。

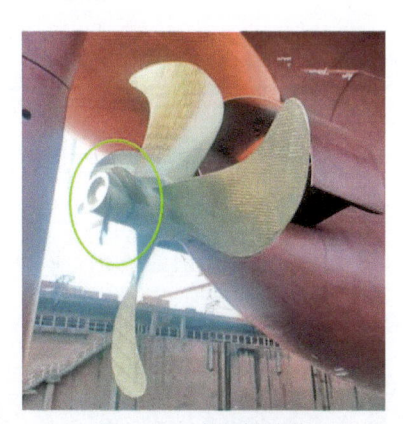

图 5-11 定距螺旋桨

船/舶/文/化

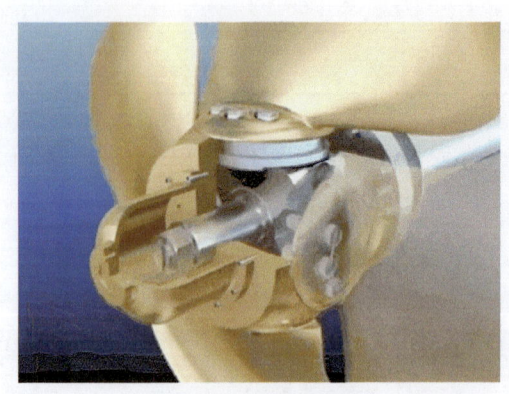

图 5-12 变距螺旋桨

变距螺旋桨的桨叶并不是直接固定在桨毂上的，而是围绕垂直于桨轴的轴线转动，通过桨毂内的机构改变螺距和角度，从而改变推进动力的大小和方向。

变距螺旋桨适用于载重或功率变化较大的船舶，如破冰船、拖船、渔船等。

3. 带导流罩的螺旋桨

导流罩的目的是增加螺旋桨的推力，导流罩内的水流速度高于螺旋桨外的水流速度，产生的压力增加，螺旋桨的推力自然也会增大，如图 5-13 所示。

图 5-13 带导流罩的螺旋桨

导流罩还可以减少噪声和震动，并且有利于节能。带导流罩的螺旋桨适用于除高速船舶外几乎所有的船舶，尤其是内河船舶、挖泥船、渔船、供应船等。

4. 舵螺旋桨

舵螺旋桨（吊舱式推进器）的主要特征是螺旋桨能像舵一样随意旋转，甚至能旋转 360°。

吊舱式推进器的倒航推力与进航推力基本相同，进退转换也非常迅速。只要将螺旋桨向左或向右转动，即可产生侧向推力，所以它既是推进器又有方向舵的功能，操纵性能特别好，广泛用于拖船以及操纵性能高的船舶上，如图 5-14 所示。

图 5-14　舵螺旋桨

5. 电动船用螺旋桨

电动船用螺旋桨是一种用于高速航行电动船的螺旋桨，它的推进系统是可以直接安装在船体外的，停船时还可以直接将其提出水面。

电动船用螺旋桨不需要齿轮箱、离合器、螺旋桨轴、舵等来驱动，与其他螺旋桨驱动设备相比，其设计和结构都相对简单。

知识拓展

螺旋桨为什么那么小

与巨大的船舶比起来，螺旋桨显得太小了。螺旋桨为什么那么小，它能推动巨大的船舶吗？

螺旋桨是依靠发动机产生的动力在水中旋转的，在旋转的过程中，通过向后排水产生的反作用力驱动船舶。正是因为船舶需要在水中工作，所以螺旋桨会受到巨大的阻力，如果体积太大，那么转起来将会很困难，不但效率低，而且会损坏船舶的动力系统，所以才将螺旋桨做得小一点。

其实，螺旋桨的尺寸并不小，能达到好几米，重量能达到数十吨。这样是不是觉得螺旋桨也很大？不过与巨大的船舶相比就显得小很多了。

十八世纪中期，瑞士物理学家伯努利在看见木匠用螺丝钻木板时产生了灵感，联想到船舶前行的动力，提出了用螺旋桨推动船舶前行的设想。随后，瑞典工程师约·埃尔逊设计出了世界上最早的螺旋桨。有了螺旋桨，人们不费吹灰之力就可以让一艘大船前行。

你知道螺旋桨船和普通的桨船有什么区别吗？小小的螺旋桨为什么可以比船桨还厉害呢？普通的桨船需要人不断地划动桨来推动船舶前行，一旦停止划动，就会停下来。人的力量毕竟是有限的,船舶的前行速度受到人力的限制。可是螺旋桨船却大大不同,因为螺旋桨船上有秘密武器——发动机。发动机转动形成的推力推动螺旋桨不断地转动,推动船舶前进。只要发动机持续转动,螺旋桨就随之不断地旋转,它可比人的力量大多了!

其实螺旋桨和大家随处可见的竹蜻蜓很相似。我们用力搓竹蜻蜓的杆时,它的叶片会旋转,竹蜻蜓便"飞"上了天空。由于原理简单却能力超凡,螺旋桨的应用非常广泛,还被用到了飞机上。我们熟悉的直升飞机就有巨大的螺旋桨,有了它,直升飞机就可以像鸟儿一样在天空中飞翔。

人类的智慧是无穷无尽的。在十八世纪,英国著名发明家詹姆斯·瓦特对蒸汽机进行了改良。1807年,美国发明家富尔顿制造的世界上第一艘蒸汽机船"克莱蒙特"号试航成功。蒸汽机船的发明是船舶史上的重大篇章之一,是船舶动力史上的巨大革命——由人力转变为机械动力。

蒸汽机船到底是怎样工作的呢?蒸汽机是怎样推动船舶前行的呢?蒸汽机的工作原理其实是将热能转化为机械能。锅炉将水加热后形成蒸汽,再用蒸汽推动活塞在蒸汽机缸内不断运动,带动飞轮运动,从而产生动力。蒸汽机船的两侧装有很大的轮子,蒸汽机产生的机械动力推动轮子转动,轮子不断拍打水面,这样船舶就可以在水上前行了。有了蒸汽机,人们就可以建造更大、更重的船舶。

蒸汽机虽小,却能推动比它重很多倍的船舶,是不是很了不起呢?现在的船舶有没有轮子呢?其实,如今船舶的"轮子"只是推动船舶连续运动的机械,并不是真正的轮子。随着科技的进步,蒸汽机船逐渐被新型船舶取代,但它对工业革命、交通运输业的巨大贡献是难以磨灭的。

十九世纪七十年代后期,美国开始研究一种多桨叶螺旋桨,称为风扇螺旋桨。它有8~10片弯刀状桨叶,叶片薄,直径小。弯刀状桨叶的作用相当于飞机的后掠翼,薄叶片有利于提高螺旋桨的转速,适用于更高的飞行马赫数(大于0.8)。由于叶片较多,螺旋桨单位推进面积吸收的功率可达300kW/m^2(一般螺旋桨的功率为80~120kW/m^2)。

> **思政园地**
>
> ### 大国工匠系列
>
> "蛟龙"号是中国首个大深度载人潜水器,有十几万个零部件,组装的最大难度就是密封性,其精密度要求达到了"丝"级。在中国载人潜水器的组装工程师中,能实现这个精密度要求的只有钳工顾秋亮。正因为有这样的绝活,顾秋亮被人称为"顾两丝"。四十几年来,他埋头苦干、踏实钻研、挑战极限,这种信念让他赢得了潜航员托付生命的信任,也见证了中国从海洋大国向海洋强国的转变。
>
> 同学们,想一想工匠精神都包含哪些?

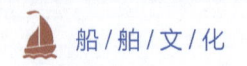

第四节 核 动 力

一、核动力的定义

核动力是指利用可控核反应来获取能量，从而得到动力、热量和电能。由于核辐射问题，以及人类现在还只能控制核裂变，所以核能暂时未得到大规模利用。利用核反应获取能量的原理是：当裂变材料在人为控制的条件下发生核裂变时，核能会以热的形式释放出来，这些热量会被用来驱动蒸汽机。蒸汽机可以直接提供动力，也可以连接发电机来产生电能。

二、核动力的起源

第一个成功的核裂变实验装置是在1938年由德国科学家奥托·哈恩、莉泽·迈特纳、弗瑞兹·斯特拉斯曼制成的。

在第二次世界大战中，一些国家致力于研究核能，他们首先研究的是核反应堆。1942年12月2日，美籍意大利物理学家恩利克·费米在美国芝加哥大学建成了第一个完全自主的链式核反应堆，在他的研究基础上建立的反应堆被用来制造了轰炸长崎的原子弹"胖子"中的钚。在这个时候，一些其他国家的科学家也在研究核能，他们的研究重点是核武器，但同时也进行着民用核能的研究。

1951年12月20日，人类首次用核反应堆生成了电能，这个核反应堆是位于美国爱达荷州的EBR-I试验增殖反应堆，它最初向外输出的功率为100kW。

1952年，帕雷委员会（"总统的材料政策委员会"的简称）向当时的美国总统哈里·S·杜鲁门提交了一份报告，这份报告认为核能的前景"相当悲观"，建议让科学家们研究太阳能。

1953年12月，美国总统德怀特·戴维·艾森豪威尔发表了名为"原子能为和平服务"的演说，此后美国政府开始资助一系列国际间的核能研究。

1954年6月27日，世界上第一个为电网提供电力的核电站在苏联的欧伯宁斯克开始运行。这个反应堆使用石墨来控制核反应并用水来冷却，功率为 5MW。全世界第一个投入商业运营的核反应堆是位于英国谢菲尔德的 Calder Hall，它于 1956 年 10 月 17 日开始运行。它有一个镁诺克斯（Magnox）型反应堆，最初的输出功率为 50MW，后来提高到了 200MW。

1954 年，美国原子能委员会（美国核管理委员会的前身）的主席说，人们谈到核能时经常会提到，如果广泛应用核能，电力将变得很便宜，实际上这是错误的，但这种想法让美国决定在 2000 年之前建造 1000 个核反应堆。

于 1955 年召开的第一届日内瓦会议聚集了世界各国的科学家来一起探索核能这个新领域。1957 年，欧洲原子能共同体（EURATOM）与欧洲经济共同体（即现在的欧盟）一同成立，同年成立的还有国际原子能机构（International Atomic Energy Agency，IAEA）。

三、核动力的发展

核反应堆的功率迅速提升，在二十世纪六十年代，功率不到 1GW；到了二十世纪七十年代，增长至 100GW；到了二十世纪八十年代，又增长至 300GW。1980 年以后，核反应堆的功率提升变得不那么迅速了，到了 2005 年，功率提升至 366GW，大部分贡献来自中国的核能建设。在二十世纪下半叶，一些反对核能的运动兴起，他们担心的是核事故和核辐射，还反对生产、运输、储藏核废料。1979 年发生的三哩岛核事故和 1986 年发生的切尔诺贝利核电站事故成为许多国家停止建造新核电站的关键理由。

如今正在运营的核反应堆可根据裂变方式分为两大类，这两大类又可根据控制裂变的手段分为几个子类。

1. 压水反应堆

这种反应堆完全用高压水来冷却并使中子减速（即使在温度极高时也是这样的），大部分正在运行的反应堆属于这一类。虽然三哩岛核事故中的反应堆就属于这一类，但一般认为这类反应堆最安全、可靠。这是一种热中子反应堆，我国的秦山核电站一期工程、大亚湾核电站的反应堆都属于这种类型。

2. 沸水反应堆

这种反应堆以轻水作为冷却剂和减速剂，但水压比压水反应堆稍低。正因如此，在这种反应堆内部，水是可以沸腾的，所以热效率较高，结构也更简单，而且更安全。

其缺点是：沸水会升高水压，因此这些带有放射性的水可能突然泄漏出来。这种反应堆占现在运行的反应堆的一大部分，是一种热中子反应堆。我国台湾地区的第一核能发电站和第二核能发电站的反应堆就属于这种类型。

3. 加压重水反应堆

这是由加拿大设计出来的一种反应堆，使用高压重水来进行冷却和减速。这种反应堆的核燃料不是装在单一压力舱中的，而是装在几百个压力管道中的。这种反应堆使用天然铀作为核燃料，是一种热中子反应堆。这种反应堆可以在输出功率最大时添加核燃料，因此能高效利用核燃料（可精确控制）。大部分加压重水反应堆位于加拿大，有一些出售到阿根廷、中国、印度、巴基斯坦、罗马尼亚、韩国等国家。我国秦山核电站三期工程的反应堆就属于这种类型。

4. 石墨轻水反应堆

这种反应堆在输出电力的同时产生钚，用水来冷却并用石墨来减速。石墨轻水反应堆与加压重水反应堆在某些方面有相同之处，即可以在运行时补充核燃料，并且使用的都是压力管道。但与加压重水反应堆不同的是，这种反应堆不稳定，而且体积太大，危险性较大。这种反应堆还有一些重大的安全隐患，尽管部分隐患在切尔诺贝利核电站事故后被消除了，一般仍认为石墨轻水反应堆是最危险的核反应堆型号之一（切尔诺贝利核电站拥有四台这种反应堆）。

5. 气冷反应堆

这种反应堆用石墨作为减速剂，并用二氧化碳作为冷却剂，其工作温度比压水反应堆更高，因此热效率也更高。一部分正在运行的反应堆属于这一类，大部分位于英国。

6. 液态金属式快速增殖反应堆

这种反应堆用液态金属作为冷却剂，不使用减速剂，并且在发电的同时生产比消耗量更多的核燃料。这种反应堆在效率上很接近压水反应堆，而且工作压力不需要太高，因为液态金属即使在极高温条件下也不需要加压。液态金属式快速增殖反应堆分为以下两种。

（1）液态铅式反应堆。这种反应堆用液态铅作为冷却剂，因为铅不但是隔绝辐射的绝佳材料，还能承受很高的工作温度。此外，铅几乎不吸收中子，所以在冷却过程中损失的中子较少，冷却剂也不会带放射性。与钠不同的是，铅是惰性元素，所以发生事故的概率较小，但是应用如此大量的铅不得不考虑毒性问题，而且清理起来也很麻烦。

这种反应堆经常使用铅铋合金。在这种情况下，铋会吸收少量中子，比铅更容易带放射性。

（2）液态钠式反应堆。大部分液态金属式反应堆都属于这种类型。钠很容易获得，而且还能防止腐蚀。但是，钠遇水即剧烈爆炸，所以使用时一定要小心。

四、核动力船舶

核动力船舶以核反应堆为动力装置。自从核能发动机使用体积小、耐用的铀燃料后，船舶的航程大大增加。核动力船舶主要应用于航空母舰、潜艇等军事船舶上，在商用船舶上的应用很少。

核动力船舶的优势有：续航力高，装一次核燃料可以持续航行好几年；核动力装置的功率大，可以获得较高的航速；经济性好，虽然初期投资高，但可以节约燃料费。

"鹦鹉螺"号核潜艇是世界上第一艘核潜艇，也是世界上第一艘从水下穿越北极的潜艇。"鹦鹉螺"号核潜艇于1952年6月开工建造，1954年1月21日下水，1954年9月30日服役（宣告了核动力潜艇的诞生），1955年1月17日开始试航。中国自主建造的第一艘攻击型核潜艇"长征一号"于1970年12月26日下水，1974年8月1日服役，中国自此成为世界上第五个拥有核潜艇的国家。

核潜艇是中国人民解放军海军核潜艇部队的主力装备。二十世纪六十年代之后，中国核潜艇经历了极为坎坷的发展历程。经过多年的建设，核潜艇的数量和总吨位不断增加，活动范围已逐步扩大至太平洋西部海域和西沙、南沙群岛海域。中国完全依靠自己的力量，建设了一支能够有效地巩固海防，捍卫国家主权、领土完整与统一的核潜艇部队。

黄旭华（"共和国勋章"获得者、中国工程院院士、核动力潜艇专家）一生致力于中国核潜艇的研究和开发，创造了中国核潜艇史上无数个第一，有"中国核潜艇之父"之称。

核动力航空母舰（简称为"核航母"）是以核反应堆为动力装置的航空母舰，是一种以舰载机为主要作战武器的大型水面舰艇。依靠核动力航空母舰，一个国家可以在远离其国土的地方，在不依靠当地机场的情况下对别国施加军事压力并进行作战。

船/舶/文/化

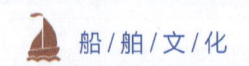

思政园地

世界上杰出的科学家

爱国精神是人民对祖国深厚的价值情感,反映了个人对祖国强烈的归属感和认同感,是人民对国家的尊严感、使命感的统一。科学家的爱国主义精神是指科学家在科学领域以"科学为国、科学为民"为价值导向,体现出强烈的责任感和使命担当。

钱学森是世界著名科学家、空气动力学家,也是中国航天事业的奠基人,被誉为"中国科技之父"和"火箭之王"。由于钱学森回国效力,中国导弹、原子弹的研发时间至少提前了20年。钱学森在二十世纪四十年代就已经成为航空航天领域的代表人物之一,是二十世纪众多学科领域的科学群星中极少数的巨星之一。

在为新中国的成长做出无可估量贡献的老一辈科学家中,钱学森是影响最大、功勋最卓著的杰出代表人物,是留学归国人士中最具代表性的国家建设者,是新中国历史上伟大的人民科学家。

第六章
船舶建造材料的发展

第六章　船舶建造材料的发展

从古至今，船舶建造材料经历了木材、钢材、合金、高分子材料的变化。

在现代船舶的建造过程中，木材的应用范围比较窄，一般用于货垫、甲板敷料、楼梯、室内装修等部分，在大型游轮（Cruise Ship）上尤为常见。木材最大的弱点是容易腐烂，所以船用木材需要采取一些手段来防止腐烂；而相对于金属材料，木材最大的优点是没有疲劳特性。

从十九世纪早期开始，船舶建造材料逐渐过渡到钢材，从比较常见的木制板材配合钢质骨架的钢木混合结构发展为 100% 钢结构。蒸汽机的诞生极大地促进了钢船的发展。英国巨型游轮"大东方"号是船舶建造材料由木材发展为钢材的重要里程碑。这条船的船长超过 200 米，船宽为 25 米，高度达到了 17 米。直到现在，钢仍然是船舶建造过程中最常用的材料。

铝是一种很柔软的金属，加入正确的元素使之成为铝合金可以极大地增加强度和硬度。铝不具有磁性，是十分适合制造猎雷舰艇的材料。铝表面能形成一层致密的氧化膜来保护内部不受腐蚀，如果采用化学或电离手段去除这层氧化膜，腐蚀在一瞬间就会发生。在实际应用中，铝的最大优点是重量轻，一般应用于客船的上层建筑，猎雷舰艇、高速轻质机动船舶以及其他船舶中需要低重量、不导磁的部分也常用铝。

黄铜是一种铜锌合金，在腐蚀性液体（例如海水）中，黄铜中的锌会被置换出来，所以绝不可以在海水中使用黄铜。但是，在淡水和油类液体中，黄铜的应用十分广泛，可以制作成温度计、压力计、标准磁罗经的部件等。

青铜是一种铜锡合金。青铜在海水中有良好的耐腐蚀性能，可以制作成螺旋桨、阀、冷却器，以及其他需要接触海水的零件。青铜在换热器和泵的生产过程中也有许多应用。

时至今日，很多螺旋桨生产厂家都有自己的合金配方来制作不同用途的螺旋桨。这种材料类似于青铜，但是成分更复杂。大部分螺旋桨材料不含铁，也有极少部分用不锈钢制成的螺旋桨。目前机械性能最好的螺旋桨材料是铜镍铝合金。

一般来说，合成材料对腐蚀不敏感。但是，紫外线辐射以及老化是合成材料的致命缺陷。在大型船舶中，合成材料因具有不导电性以及低腐蚀性，广泛应用于管路系统中。

船/舶/文/化

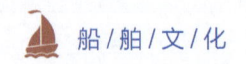

第一节 木质船建造材料的发展

造大木船和小木船用的材料是有区别的。大木船要用硬木制作,分量比较重,容易沉水。古时候建造一艘大型战舰大约需要 2000 棵树,耗费 2 年以上的工期。一棵树生长成熟需要 100 年以上,这些大树被砍下后,要阴干 3 年以上才能使用。木质船中最大的是郑和宝船,史书称"宝船六十二艘,大者长四十四丈,阔一十八丈",换算成现在的尺寸,长约 148 米,宽约 60 米。据考证,郑和宝船的排水量超过万吨,与一艘小型航空母舰差不多。

一、木质船的起源

原始社会出现的独木舟和筏是人类在征服江河的过程中迈出的重要一步。在独木舟的基础上,人们直接用木板造船,出现了木板船。早期的木板船是由一块底板和两块舷板组成的最简单的"三板船",全船仅由三块板构成,底板两端经火烘烤向上翘起,两侧舷板合入底板,然后用铁钉连接,板缝用竹纤维堵塞,最后涂以油漆。木板船出现后,显示出了强大的生命力,为船舶的进一步发展和改造奠定了基础。

二、木质船的制造过程

木质船的制造过程如图 6-1 所示。

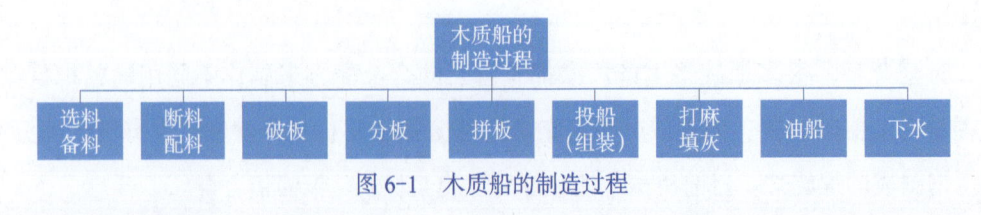

图 6-1 木质船的制造过程

1. 选料、备料

制造木质船要选择天然的老龄杉木,这种木材材质结实、有韧性,制造出来的船吃水浅、浮力大、能载重、轻巧灵敏,而且比较坚固、耐用。

2. 断料、配料

断料、配料的尺寸依船体大小而定，船板宽度也有一定的惯例，按具体尺寸断开以备用，如图 6-2 所示。船体一般分为船底、船帮以及横梁构成的船头、中舱、船尾三段，船的大小不一，断料尺寸也不同。

图 6-2　断料、配料

3. 破板

从前没有电锯，全靠手工拉锯，先用墨斗和尺按需要的厚度划线、弹线，然后拉锯破板。现在通常用电锯破板，依据船舶的大小确定板的厚度，一般为 2.5～3.5 厘米。

4. 分板

破板后，必须用粗、细刨将锯面刨光，一般先用电刨打底，再用木刨加工，按实际需要的长度、宽度、厚度、角度做成成品板材。

5. 拼板

拼板时，必须先放好钉眼，要注意"长缝不对短缝"。拼板与砌墙遵循同样的力学原理，过去没有电钻，全凭人工拉钻、打眼，再将打好钉眼的板料用掺钉（大头小尾的铁钉）拼接成船帮、船底、隔舱板，如图 6-3 所示。

图 6-3　拼板

6. 投船（组装）

投船的程序一般是先将中舱底板与前后隔舱板连接，然后用麻绳、扒箍、拉夹、盘头、走趋、尖头刹等工具将船头和船尾拉紧，并与前、后搪浪板连接。投船时要用"爬头钉""扁头钉"咬紧木头，并加固结合位置，使之牢不可破。

7. 打麻、填灰

打麻、填灰对技术的要求非常高，是决定船是否漏水的关键步骤，要将卷好的麻丝"三进三出"，然后和桐油石灰一起打碎填入船缝中，再将每道缝括平，如图6-4所示。打麻、填灰的工序分为碾灰、填灰、捻缝、打麻、封口。

图6-4 打麻、填灰

8. 油船

油船是船板防腐、保证船体经久耐用的主要方法，共分为三道工序：上底油、罩面油、打晒油，如图6-5所示。不仅新船下水前要上油，使用中的船也要3～4年上岸上油一次，这样，质量高的木船能用四五十年。

图6-5 油船

9. 下水

油船后，等桐油完全干透就可以下水了，新船下水的隆重程度不亚于砌屋"上梁"，要在搪浪板上刻福字、雕龙眼、敬菩萨等，如图 6-6 所示。

图 6-6　下水

三、木质船的类型

木质船按照功能可分为渔船、民船、商船、渡船、游船、战船等；按照航行水域可分为河船、海船、湖艇等；按照大小可分为木舟、木筏、木舫、帆船、轮船、战舰、方舟等。

四、木质船的建造材料

中国古代造船用到的木材种类很多，一般都是就地取材，优中选优，并根据木材的不同特点和性能用于船舶的不同部位，常用的木材有杉木、柚木、轻木、柏木、榆木、赤木、樟木、楠木等。

1. 杉木

杉树属松科，高可达 30 米，胸径可达 3 米，树干端直，树形整齐。杉木的纹理顺直，耐腐、防虫，广泛用于建筑、桥梁、电线杆、造船、家具、工艺制品等方面。杉树生长快，一般 10 年就可成材。

2. 柚木

柚木的颜色一般为蜜色和褐色之间，久而转浓，材质坚实，十分耐用。柚木的膨

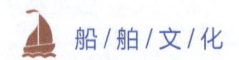

胀收缩特性是所有木材中最小的，能抵抗海陆动物的侵蚀，且不会腐蚀铁类物质。柚木的收缩率小，故不易漏水；具有高度耐腐性，在各种气候下不易变形，易于施工，适于制造船舶的甲板。

3. 轻木

轻木是世界上木质最轻的树种之一，分布于我国的广西、海南、云南等地。轻木干燥后，1立方米木材大约重100千克。轻木的突出特点是轻、浮力大。从前，人们多用轻木制造木筏。此外，轻木还有隔热、隔音的特点，是制造飞机、轮船、高级体育器械的特殊材料。

4. 赤木

赤木多用于造船，它硬度高、耐腐蚀，自然的木纹非常美观。

5. 楠木

明代文献中常常提到，楠木是制作家具的良材。楠木常用来制作柜子和书架，也可用来装饰柜门或制作文房用具。楠木生长缓慢，树干直，最好的楠木出自海南。楠木耐腐、易干，且木性稳定、不易开裂。楠木纹理细腻，打磨后表面会产生一种迷人的光泽，常被称作"金丝楠木"。

五、木质船的用油类型

1. 桐油

桐油是一种工业用防腐植物油，是由油桐子（含油量为30%～41%）所得的干性油，主要成分为桐酸。桐油呈淡黄色，半透明，具有黏性大、耐酸碱、渗透性强等特点，但耐温性较差。用桐油涂抹木船表面，有隔水、隔潮、防腐的效果。

2. 秀油

秀油是在桐油中加入少量辅料炼制而成的一种防腐油，因四川省秀山土家族苗族自治县的产品质量较优而得名。秀油的浓度大于桐油，快干性较强而渗透性较差，宜用作桐油的保护层。

3. 洪油

洪油是在桐油中加入少量辅料炼制而成的一种防腐油，因湖南省洪江市的产品质量较优而得名。洪油的性能与秀油相同，浓度大于桐油而小于秀油。

第二节　钢船建造材料的发展

建造民用或军用船舶的钢铁材料称为船用钢，有钢板、型材、管材、铸锻件等，但习惯上船用钢仅指制造船舶壳体用的钢板，有一般强度造船钢板、高强度造船钢板、海军舰艇壳体用钢板三大类。

一、船用钢的种类

1. 板材和型材

屈服强度是金属材料不产生塑性变形的最大应力，是设计者在设计钢结构时的重要参数之一。船用钢按照屈服强度可分为一般强度结构钢和高强度结构钢。低碳钢的屈服强度为 $235N/mm^2$，高强度结构钢的屈服强度为 $265\sim390N/mm^2$，超高强度结构钢的屈服强度为 $420\sim690N/mm^2$。

一般强度结构钢按质量可分为 A、B、D、E 四个等级，高强度结构钢又分为两个强度等级和三个质量等级。

船体结构中常用的型材有扁钢、球扁钢、角钢、槽钢、半圆钢、圆钢、工字钢、钢管等。

2. 锻钢

锻钢一般用于制造船舶推进轴系、舵杆，以及曲轴、活塞杆、十字头等主机附件。

3. 铸钢

铸钢一般用于制造复杂结构的构件，例如船尾的结构、复杂的舵附件、锚、泵的外壳等。

4. 不锈钢

不锈钢是一种合金钢，一般包含铬和镍以及一些其他元素。这些合金元素可以提高基体金属的电极电位，并有效地增强铁的钝化能力。另外，铬可以和其他金属元素在钢的表面形成一种致密、稳定、完整并能与基体牢固结合的钝化膜。

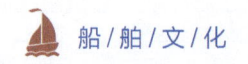

二、船用钢的特性

1. 较高的强度

较高的强度可以减少焊接工作量，增大承载能力。但是，高强度钢的采用也受到船体刚性和耐蚀性的制约。

2. 良好的焊接性能

船体线形较为复杂，有多类型的单曲线或双曲面，要采用冷、热弯及矫正等多种操作，要求钢材对造船工艺（包括焊接和修补等）的适应性较好。

3. 较高的韧性

对塑性和韧性的要求足以补偿建造过程中各种操作导致的加工硬化和热循环对材质的影响。艏柱、船体等纵弯应力较大的部位以及船底、舷部的止裂板等重要部位要求有较高的抗裂性，并且在低温条件下具有较低的延-脆性转变温度和足够的冲击吸收功。

4. 较高的耐海水腐蚀性能

海洋大气的相对湿度大，而且海水中含有氯化钠粒子，钢铁表面容易形成有腐蚀性的水膜，从而导致钢结构被腐蚀，因此船用钢通常要有较高的耐海水腐蚀性能。

三、船体钢料加工的类型

船体钢料加工的类型有钢材预处理、构件边缘加工、构件成型加工三大类，如图6-7所示。

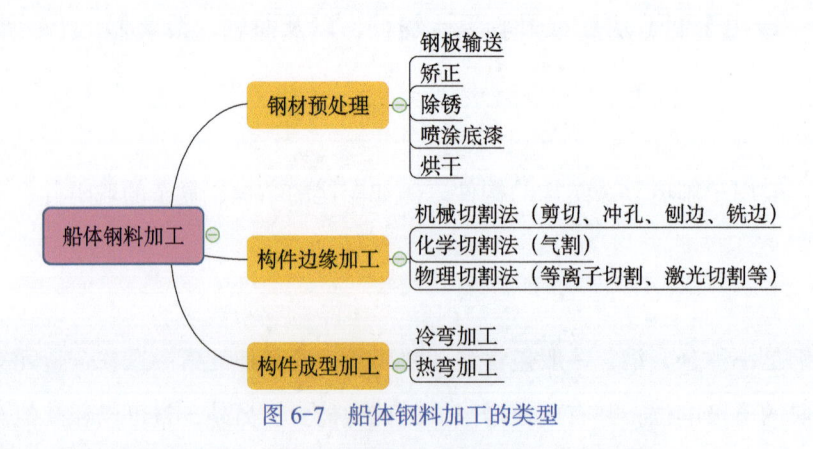

图6-7 船体钢料加工的类型

钢材预处理是指钢板输送、矫正、除锈、喷涂底漆、烘干等。

构件边缘加工的方法主要有机械切割法（剪切、冲孔、刨边、铣边等）、化学切割法（气割等）、物理切割法（等离子切割、激光切割等）。

构件成型加工包括冷弯加工和热弯加工。冷弯加工是指通过顺序配置的多道次轧辊，使卷材、带材等金属板带不断地进行横向弯曲，制成特定断面的型材。冷弯加工是一种节材、节能、高效的新工艺、新技术。利用这一工艺不但可以生产出高质量的型钢产品，而且能缩短产品的开发周期，提高生产效率，提高企业的市场竞争力。热弯加工是指把管件加热至规定弯曲温度下，再使管件弯曲。

四、钢船的焊接方式

钢船的焊接方式主要有手工电弧焊、埋弧焊、熔化极气体保护电弧焊等。

手工电弧焊（简称为手弧焊）是指将手工操作的焊条和被焊接的工件作为两个电极，利用焊条与焊件之间的电弧热量熔化金属并进行焊接，如图6-8所示。

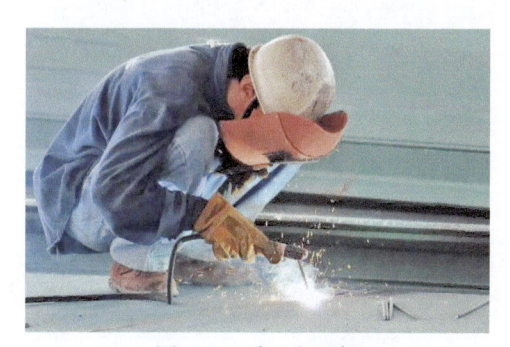

图6-8 手工电弧焊

埋弧焊（包括埋弧堆焊、电渣堆焊等）是一种电弧在焊剂层下燃烧进行焊接的方法，如图6-9所示。

图6-9 埋弧焊

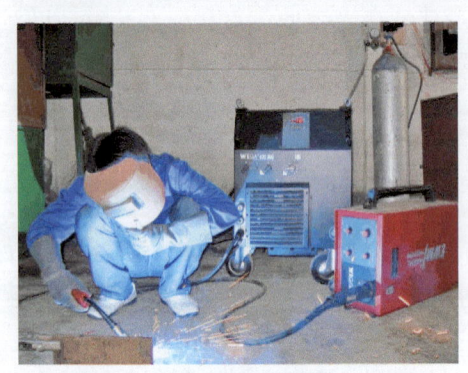

船/舶/文/化

　　熔化极气体保护电弧焊简称为气体保护电弧焊、气体保护焊,包括熔化极惰性气体保护电弧焊和熔化极活性气体保护电弧焊,如图 6-10 所示。熔化极气体保护电弧焊用外加气体作为电弧介质并保护电弧和焊接区,是一种自动或半自动的工艺,其中自动焊接需要连续送入焊丝,由焊炬的喷嘴送进氩气或氦气作为保护,焊接电源可采用直流电和交流电两种。

图 6-10　熔化极气体保护电弧焊

第三节　玻璃钢船建造材料的发展

玻璃钢即纤维强化塑料，根据采用的纤维不同，可分为玻璃纤维增强复合塑料、碳纤维增强复合塑料、硼纤维增强复合塑料等。它是以玻璃纤维及其制品（玻璃布、带、毡、纱等）作为增强材料，以合成树脂作为基体材料的一种复合材料。纤维增强复合材料由增强纤维和基体组成，纤维（或晶须）的直径很小，一般在 10 微米以下，缺陷较少且通常较小，断裂应变为 30‰以内，是脆性材料，易损伤、断裂、腐蚀。相对于纤维来说，基体的强度、模量很低，但可以经受大应变，往往具有黏弹性和弹塑性，是韧性材料。

一、玻璃钢船的特性

玻璃钢船是用玻璃钢建造的船舶。玻璃钢船的排水量通常为 500 吨以下，如军用猎雷艇、扫雷艇、登陆艇、交通艇等，以及民用高速客艇、渔船、游艇、救生艇、工作艇、赛艇等。玻璃钢的组成材料主要有玻璃纤维、合成树脂、辅助剂等。

玻璃纤维是一种性能优异的无机非金属材料，它是以叶蜡石、石英砂、石灰石、白云石、硼钙石、硼镁石为原料经高温熔制、拉丝、络纱、织布等工艺制造成的，其单丝的直径为几微米到二十几微米，相当于一根头发的 1/20～1/5，一束纤维原丝由数百根甚至上千根单丝组成，如图 6-11 所示。

图 6-11　玻璃纤维

玻璃纤维按形态和长度可分为连续纤维、定长纤维、玻璃棉等；按玻璃成分可分为无碱、耐化学、高碱、中碱、高强度、高弹性模量、耐碱（抗碱）玻璃纤维等。玻璃纤维比有机纤维耐温，抗燃性、抗腐性、隔热性、隔音性好，抗拉强度高，电绝缘性好，但比较脆，耐磨性较差，常用来制造增强塑料或增强橡胶。玻璃纤维具有以下特点：拉伸强度高，伸量长小（小于3%）；弹性系数高，刚性好；弹性限度内的伸长量大且拉伸强度高，故吸收冲击能量大；是无机纤维，具有不燃性，耐化学性佳，吸水性小；尺度安定性、耐热性均佳；加工性佳，可制作成股、束、毡、织布等不同形态的产品；透明，可透过光线；价格便宜。

合成树脂是一类人工合成的高分子化合物，是兼备或超过天然树脂固有特性的一种树脂，如图6-12所示。合成树脂最重要的应用是制造塑料，有时也直接用于加工成形，合成树脂在塑料中的含量一般为40%～100%。由于含量较高，而且树脂的性质常常决定了塑料的性质，所以人们常把"树脂"看成"塑料"的同义词，如把聚氯乙烯树脂与聚氯乙烯塑料混为一谈，把酚醛树脂与酚醛塑料混为一谈。其实，树脂与塑料是两个不同的概念，树脂是一种未加工的原始聚合物，不仅用于制造塑料，还是涂料、胶黏剂以及合成纤维的原料；而除了极少部分塑料含100%树脂，绝大多数塑料还需要加入其他物质。

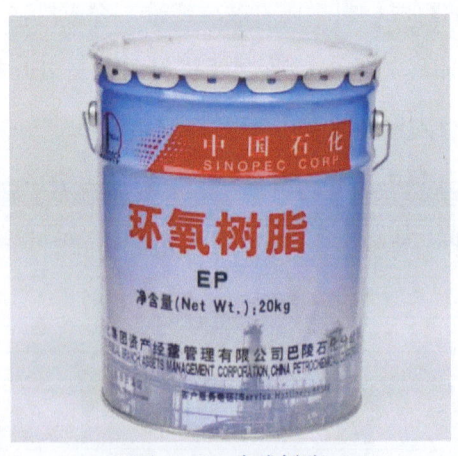

图6-12 合成树脂

辅助剂的种类很多，有引发剂、促进剂、交联剂、稀释剂、阻燃剂、填料、颜料等。

玻璃钢具有密度小、比强度大、易成形、表面光滑、吸水性小、导热系数低、耐海水腐蚀、不易被虫蛀、易于保养和维修等优点，可减少 20%～30% 船体自重，从而提高装载量，减少阻力，提高航速，节省燃料，提高经济效益，同时易于批量生产、维修费用低、寿命长。另外，玻璃钢船的稳心和重心距离较远，复原力矩较大，稳定性好，在大风浪中航行的起伏性、复原性、安全性好。

二、玻璃钢船的制造工艺

纤维增强材料的材料特性导致其常用的基本成型工艺有手糊成型工艺、拉挤成型工艺、缠绕成型工艺、模压成型工艺等。

1. 手糊成型工艺

手糊成型工艺又称为接触成型工艺，是指手工作业把玻璃纤维织物和树脂交替铺在模具上，然后固化为玻璃钢制品。

2. 拉挤成型工艺

拉挤成型工艺是指在牵引设备的牵引下，将连续纤维或其织物进行树脂浸润并通过模具加热使树脂固化，来生产复合材料型材。

3. 缠绕成型工艺

缠绕成型工艺是指将浸过树脂胶液的连续纤维（或布带、预浸纱等）按照一定规律缠绕在芯模上，然后固化、脱模，获得制品。

4. 模压成型工艺

模压成型工艺是指先将粉状、粒状或纤维状的塑料放入成型温度下的模具型腔中，然后闭模加压使其成型并固化。

三、玻璃钢船的保养

玻璃钢是以合成树脂为基体，以玻璃纤维为增强材料复合而成的，它具有与钢相近的强度，有耐水、耐腐蚀的优越性能，表面光洁如镜，可整体成型；但它也存在一些不足，如刚度较小、耐磨性较差等。影响玻璃钢质量的因素较多，如原材料优劣、作业人员技术素质、生产条件及环境因素，因此同类产品的质量差异很大。

与钢船、木质船相比，玻璃钢船具有维修次数少的特点，这是玻璃钢本身的优越性能所决定的。但玻璃钢与所有材料一样，也存在老化问题，只是老化进程较缓。即使在船舶表面覆盖胶衣树脂形成保护层，但由于厚度仅为0.3～0.5毫米，在经常摩擦和腐蚀的条件下也会损伤和减薄。所以，玻璃钢船并非不需要维护，适当的维护不仅可以保持漂亮的外观，还可以延长玻璃钢船的寿命。

除机器、设备等要按常规保养外，玻璃钢船的保养工作要点如下。

（1）避免接触尖锐、坚硬的物体。玻璃钢船与岸边的石块、混凝土构筑物、金属构件等摩擦、碰撞时会产生擦痕等损伤，应采取防护措施，如在经常被摩擦的船首、靠码头部位及舷边等处设置防撞、耐磨的金属及橡胶材料，在甲板上铺设耐磨的橡胶、塑料软材等。

（2）发现损坏，及时修补。维修人员要经常检查船体，如果发现树脂剥落、划痕较深、露出纤维，要及时修补，否则渗入水后会加速损坏。

（3）不使用船舶时（特别是在寒冬季节），要把船舶放置在岸上。玻璃钢有一定的吸水性，水能沿玻璃纤维与树脂界面的微小通道逐渐渗入内部而使玻璃钢的强度逐渐下降；而且渗入的水遇冷结冰，会使渗水通道扩展，危害更大。因此，每到冬季，应将船舶搁置在岸上，使渗入的水挥发出来，逐渐恢复强度，这样做可延长船舶的使用寿命。船舶上岸后应先清洗，用衬垫物摆正，最好放于室内；如果放于室外，应用篷布遮盖，并经常通风，防止潮湿。

第四节　铝合金船建造材料的发展

一、铝合金的定义

铝合金是指以铝为基体，添加了一定量其他合金化元素的合金，是轻金属材料之一。

铝合金除了具有铝的一般特性，由于合金化元素的种类和数量不同，具有不同的特性。铝合金的密度为 2.63～2.85g/cm^3，有较高的强度（110～650MPa），比强度接近高合金钢，比刚度超过钢，有良好的铸造性能、塑性加工性能、导电性能、导热性能、耐蚀性能、可焊接性能，可用作结构材料，在航天、航空、交通运输、建筑、机电、轻化、日用品等领域有着广泛的应用。

二、铝合金在船舶中的应用

铝合金船的船体重量轻、吃水浅、载重量大、航速快、机动灵活、节能环保、抗腐蚀、易维修。

铝合金可以减轻船舶的整体重量，有利于提升船舶的行驶速度，并能抵抗海水对船舶的腐蚀。船舶行业中应用的铝合金主要是铝铜合金、铝镁合金、铝硅合金等。铝铜合金在我国及俄罗斯的船舶中使用广泛，但其抗海水腐蚀性能较差，阻碍了其在船舶行业中的发展。铝镁合金主要用于船体外壳、水泵导管、泵壳体、机座支架中。铝硅合金的结构强度适中、流动性好、充型能力强，易于生产致密度较高、结构复杂的零部件，如高压阀件、气缸体、泵、减速箱外壳、涡轮叶片等。

三、铝合金的优点

铝合金之所以被广泛用于船舶制造业，与自身的优势分不开，铝合金应用于船舶有以下五大优点。

（1）密度低。铝的密度较低，仅为钢的三分之一，重量比其他材料更轻，可减轻船舶重量，提升船舶的航行速度；此外，也可以减少能耗，增强运输能力。

（2）耐腐蚀。铝合金表面会自然形成致密的氧化铝薄膜，不易生锈、腐蚀，使用寿命长，而且可以减少维护次数。

（3）加工性能好。铝合金的成形性能好，易于进行切割、冲压、冷弯、成形、切削等加工，适合船体的流线化。

（4）不燃烧。铝合金不燃烧，低温加工性能好，安全性高。

（5）铝废料容易回收。铝合金可以循环使用。

综合来看，铝合金船的速度更高，使用寿命更长，安全性更高。基于这些优点，铝合金的应用发展迅速，同时造船业也为铝材提供了广阔的应用市场。

知识拓展

新型材料在船舶建造中的应用

随着时代的发展和科技的进步，新型材料在船舶建造中的应用越来越广泛。新型材料的应用可以提高船舶的性能和使用寿命，降低维护成本。下面列举一些新型材料在船舶建造中的应用。

（1）轻质复合材料。轻质复合材料在船舶建造中普遍应用，可以降低船体重量，提高跑速，减少能源消耗，增加船舶载重量。

（2）钛合金。钛合金是一种高强度、轻质、耐腐蚀的材料，可以用于建造快艇或深潜潜艇等需要高强度材料的船舶。

（3）碳纤维。碳纤维是一种高强度、轻质、加工性能良好、耐腐蚀的材料，可以用于建造帆船、赛艇等需要高性能材料的船舶。

（4）超高分子量聚乙烯。超高分子量聚乙烯是一种高强度、耐磨损的材料，可以用于制造缆绳、锚链等需要高强度材料的部件。

（5）轻质金属合金。轻质金属合金在船舶建造中应用广泛，可以用于建造小型船舶和快艇。与传统金属相比，轻质金属合金具有更好的耐腐蚀性能和更高的强度。

总之，新型材料在船舶建造中的应用已经成为一个全球性的趋势，不断推动着船舶建造行业的发展。

思政园地

自洋务运动起,造船工业一直被视为民族工业发展的重点,创造了许多近现代中国工业史上的"第一"。然而,由于战乱破坏以及外国船舶的倾销,直到1949年,许多民族船厂不仅没能壮大,反而因缺乏订单、人才流失、设备失修等陷入绝境。截至1956年,中国仅拥有世界航海吨位的0.3%。

在国民经济十分困难的情况下,我国集中人力、物力、财力发展船舶工业。在1949年—1960年,我国通过打捞沉船、修造民船等方法,并借助前苏联的技术援助,奠定了现代船舶工业的初步基础。

1961年—1978年是中国船舶工业曲折前进的18年。在被技术封锁的背景下,我国船舶工业克服困难,从无到有,自力更生,基本建立了完整的船舶工业体系。

改革开放以来,我国船舶工业积极开拓国际市场,走出了一条投资省、见效快的自强振兴之路。经过几十年的奋力拼搏,中国已经成为具有世界影响力的造船大国。

二十一世纪以来,我国船舶工业步入快速发展时期,呈现出良好的发展势头。我国已能够自主设计建造30万吨级超大型原油船和8000箱级超大型集装箱船,并已成功进入液化天然气船建造市场,打破了少数国家的垄断。

此外,我国高度重视船舶工业的对外合作。改革开放以来,我国先后引进了多项船舶和船用设备设计制造技术。除了民间的经济技术合作与交流,中国与欧盟、韩国、日本建立了造船领域的政府间对话机制。

当我国通过体制机制创新促进船舶工业大发展时,技术引进也在紧锣密鼓地进行着。于是,我国提出了船舶工业打进国际市场的另一条具体措施,即引进国外先进技术。

技术引进直到今天也没有停止。从核心的柴油机、燃气轮机,到造船的龙门吊和船坞技术,再到船厂的设计、生产管理和软件系统,中国的船舶工业一直孜孜不倦地吸收着全世界最先进的技术。但中国人从来不只是花钱买现成,"引进→消化→自主创新→再引进→再消化→再自主创新"已成为中国船舶工业科研体系中极为重要的逻辑闭环。

新中国成立七十多年来,我国船舶工业形成了产学研结合、军民协调、寓军于民、协调发展的自主创新体系。在新中国成立初期，船舶工业从仿制起步，逐渐自主研发，初步建立起门类齐全的船舶工业科研体系。在改革开放初期，我们把高起点引进技术、消化吸收和再创新作为充分利用后发优势、实现跨越式发展的有效途径，同时在某些关键技术领域通过集成创新实现突破，带动整体技术水平的跃升，实现了产品结构的优化升级。